子どもの力とAIで
1.5馬力
学級経営

エンジョイ先生
岩月 駿人

JN014477

学陽書房

はじめに　1.5馬力学級経営とは?

　はじめまして。愛知県の公立学校で教師をしている岩月駿人と申します。SNSでは、主に学校の先生が教育現場で楽しく働くための働き方や考え方、そのために使えるワザなどについてエンジョイ先生という名前で発信をしています。

　エンジョイ先生という名前のとおり、僕は教師という仕事を毎日心から楽しんでいます。もちろん毎日が順風満帆というわけではなく、時には日々の仕事に追われたり頭を抱えたりすることもありますが、それも全て受け入れて、子どもたちと充実した日々を送っています。

　しかし、そんな僕も過去に挫折した経験があります。

　教師4年目の時です。僕は、心の病を患って病休を取りました。

　当時の僕は、学級経営や授業、校務分掌といった全ての仕事を自分1人で完璧にやろうとしていました。「教師は教育のプロなのだから、ほかの人に頼るなんて甘えだ」。そんな考えを抱いていました。学級で何かトラブルがあっても、誰にも頼ることができず、上手に学級経営ができていない自分自身を責めていました。

　そうして、何もかもを自分1人でこなそうとした結果、心が苦しくなり、僕は学校に行くことができなくなってしまいました…。

日本の教師は忙しすぎる!

　日本の教師は、世界的に見ても1人当たりの業務量が非常に多いと言われています。現場の肌感覚としても、それは概ねそのとおりだと感じます。

　教師はもともと孤独になりやすい職業です。先月まで学生だった新人

教師であれ、教室に入れば1人で学級経営や授業を進めないといけません。日常を送っていると、当然小さなトラブルなども発生します。けれど、教師としてそれに対応していかなくてはいけません。

　先日、心の病で休職した教師が過去最多を記録したというニュースが流れました。

　もう教師1人で全てをなんとかしようとするのには限界が来ているのです。

教師はほかの力を借りていい！

　病休中、僕は周りの力を借りて負担を減らすことはできないかと考えました。

　そうして、たどり着いたのが「1.5馬力学級経営」という考え方です。これは、**子どもたちやICTなどの力を借りて、教師1人の1馬力から1.5馬力での学級経営を目指す**というものです。

　全ての仕事を1人でこなそうとして心を病んでしまった僕は、この「1.5馬力学級経営」をするようになってから、日々の負担を減らして毎日を楽しく過ごすことができるようになりました。

　この本は、今も教育現場で孤独に仕事をするあなたに向けて書いたものです。僕がいかにして1.5馬力で負担を軽くして働くことができるようになったかを全て載せました。

　特に経験年数が浅い先生方や、日々の業務に追われるベテラン教師の方々に読んでいただきたいです。そして、本書に記した具体的な方法を明日からでも試してみてください。

　この本が、新しい教育のスタイルの実現のために一歩を踏み出すきっかけになれば幸いです。

　　　　　　　　　　　　　　　　　　　　　　　　岩月駿人

Contents

第 1 章

まずは子どもの力を借りよう！
クラスが成長する上手な任せ方

✦ 学級づくり ✦

✦ 授業づくり ✦

第 2 章

AIの力を借りると超速に！
仕事の負担が軽くなる使い方

✦ 学級づくり ✦

✦ 授業づくり ✦

Contents

第3章

ICTの力で仕事がレベルアップ!
みんながラクになる使いこなし方

第 4 章

保護者と本の力で100人力!
子どもも教師もパワーアップする方法

まずは子どもの力を借りよう!

クラスが成長する
上手な任せ方

1日目:「このクラスは君たちのクラスだ」と子どもに伝える

✦ 学級開きで「このクラスは君たちのクラスだ」と宣言

　僕は、毎年学級開きの際に子どもたちへ「このクラスは君たちのクラスだ」という宣言をします。例えば、以下のような話をします。

　「今日からこの4年1組がスタートしますが、はじめにみんなに伝えたいことがあります。それは、『このクラスはみんなのクラスだ』ということです。みんなは担任発表の時に、『岩月先生のクラスだ！』と思ったかもしれません。だけど、このクラスは先生のものではなくて、みんなのものです。だから、これから生活していく上で『これってこうしたほうがいいんじゃないかな』と思う時があったら、ぜひ進んで行動してください。先生はそれを全力で応援します」といった感じです。

　「このクラスは君たちのクラスだ」という宣言。これは、学級経営の主導権を手放し、子どもたちに委ねるという意味があります。

　なぜ、学級経営の主導権を子どもたちに委ねる宣言をするのか。それはずばり、**子どもたちに「自分はクラスの一員であり、クラスをよくするメンバーなんだ」というメンバー意識をもたせる**ためです。

✦ 子どものフォロワー思考をぶち壊せ

　僕は教師を長年続けてきて、子どもたちに1つの思い込みがあること

に気づきました。それは、「学級経営は先生がしてくれる。自分たちは先生についていけばいい」というものです。名付けるならば、「子どものフォロワー思考」です。

　なぜ、子どもたちがこのような思考に至ってしまったのでしょうか。

　それは、子どもの力を借りずに、教師1馬力でなんとか学級経営をしようとする先生がとても多いからだと考えます。

　教師というのは責任感が強い生き物です。学級で問題が起きれば「どうにかしたい」と考え、率先してトラブルの解決に出動します。そして、大抵の場合はそれでなんとかなります。大人ですから。でも、その様子を見てきた子どもたちはこう学習するのです。「最後は先生がなんとかしてくれるんだ」と。つまり、教師が動けば動くほど子どもたちは教師の後ろをついていくだけのフォロワーになっていく。そうして、教師が自分で自分の首を締めていくのです。

　なので、**子どもたちに「このクラスは自分たちのクラスなんだ」という意識をもたせることがとても大切**なのです。教師が1人であらゆる仕事をしようとしなくても、そういった意識を子どもたちがもってくれれば、自主的に動き出してくれますし、学級経営にも力を貸してくれます。

　例えば、僕のクラスでは、当番表の掲示やクラスマスコットの作成、クラスでペットを飼う活動などを自主的に行っていました。

　子どもの自主的な姿勢を引き出し、共に学級経営をしていく意識をもつことで、教師は負担を減らし、子どもたちも楽しく過ごせる学級になっていくと考えています。

─(1.5馬力ポイント)────────────

新年度の初日に「このクラスは君たちのクラスだ」と宣言し、子どもにメンバー意識をもたせることで、子どもと共に学級経営をしていく1歩を踏み出す

─────────────────────────────

2 2日目：学級目標を「子ども主体」でつくる

✦ 学級目標を全員の希望をもとにつくり出す

　僕は、学級開きの翌日にクラスで学級目標を決めます。「学級目標なんていらないでしょ」と思われる方もいらっしゃるかもしれません。

　しかし、**学級目標を決めることは、子どもたちのメンバー意識を高めるために最適な活動**だと考えています。

　決め方は以下のとおりです。

　まず、考えてきた意見を子どもたちに発表してもらいます。列指名などで全員に発表してもらうのがポイントです（前日にどんなクラスにしたいかを家で考えてきてもらうと、発言に抵抗がある子も安心して発表することができます）。

　「仲のよいクラス」「いじめのないクラス」「明るいクラス」など、多様な意見が出されるので、それらを全て黒板に書き出します。

　次に「ここにあるみんなの考え、どれも素敵だね。じゃあ、これらを全て取り入れた学級目標を作ろう。ここにある考えを全てまとめて一言で表せる言葉はないかなあ。考えてみよう」と呼びかけます。

　子どもたちは班で話し合い、時には辞書を引きながら1つの学級目標を考えます。それぞれ発表してもらい、これも黒板に書き出していきます。その後、さらに出された目標の言葉を全て取り入れられるような言葉をクラス全員で探していきます。

この活動を通じて、クラス全員の想いを込めた学級目標ができあがります。

✦ 子どものメンバー意識を高めることが大事

学級目標を決める際にありがちなのが、響きのよい意見に子どもたちが引っ張られたり、簡単に多数決を実施して多数派の意見が採用されたりすることです。

しかし、それでは子どもたちは、学級開き早々に「このクラスでは自分の意見は反映されないんだ」という思いをもってしまいます。

そうした積み重ねで子どもたちは無力感を覚え、「自分で考えなくても、先生の言うとおりにしていればいいや」というフォロワー思考につながっていくのです。

しかし、**全ての子どもの意見が含まれた学級目標とすることで、子どもは「自分という意見が認められた」という意識をもつことができます。**

このようにして、子どもたちの学級へのメンバー意識を高めることができます。すると、子どもたちの学級への参加度が高まり、「1.5馬力学級経営」を実現しやすくなるのです。

学級目標を早い段階でつくる過程を通して、自然と子どもたちが自分たちのクラスをよりよくするメンバー意識をもつことが、教師と子どもたちが協力し合う「1.5馬力学級経営」への道を拓く第一歩となります。

─(**1.5馬力ポイント**)──────────────

子どもが「このクラスは自分の意見が認めてもらえるクラスなんだ」と思える活動を設定する。そうして、子どものメンバー意識を高め、子どもと共に学級経営をしていく土台をつくる

─────────────────────────────

3 3日目まで：1日が教師がいなくても回るよう当番を考える

✦ 教師なしで生活するために必要な当番を考えさせる

ここで言う当番とは、窓係や整列係など、クラス全体のために日常的に行われる子どもたちの活動を指します。

ここでのポイントは、「先生がいなくても子どもたちだけで1日生活ができるように当番を決める」というものです。

当番決めをする際に、子どもたちにこう投げかけます。

「今からクラスの当番決めをします。まずは、このクラスにどんな当番が必要かを考えます。ポイントは、先生がいなくても自分たちで1日生活ができるようにすることです。このクラスは君たちのクラスだって伝えたよね。自分たちの力だけで1日生活できるようにするためには、どんな当番が必要かを考えてみてください」

すると、子どもたちは1日の流れを想像して考え始めます。

「朝、教室に来た時に電気を点ける人がいるよね」「朝の歌を歌う時に曲を流す人がいるんじゃない」といった感じです。

そして、子どもたちに必要だと思う当番を発表してもらい、黒板に全て書き出します。子どもたちは、先生なしで生活できるようにとさまざまな役割を考えます。2年生を担任した時には、先生の代わりにその日に学習する教科書のページを確認する教科書係や、板書係などが出ました。子どもは教師の働きをよく見ているものです。

✦ とにかくメンバー意識をもたせる

　子どもに「自分たちだけで1日生活ができるイメージをもたせる」というこの活動。ここには、大きく2つのねらいがあります。

　1つ目は、子どもたちにクラスへのメンバー意識をもたせるということです。子どもたちは、クラスに教師がいるのは当然だと考えがちです。実際そうなのですが、そういう考えから子どものフォロワー思考は始まります。このクラスを自分たちだけで回していくにはどうしたらいいのかを考えることで、初めて子どもたちはメンバー意識をもつのです。

　2つ目は、教師の負担を減らすということです。子どもたちだけで生活できるように設計しておくことで、教師がいないといけない場面が激減します。

　例えば、時々、職員室での打ち合わせなどが長引き、遅れて教室に行くことってありますよね。そういった時に、授業の時間は始まったけれど、何をしていいかわからない状態になると、子どもたちは教室で遊び出したりしてトラブルが起きます。

　しかし、子どもたちだけで授業を始められるように準備しておくと、教師がいない時には自発的に「読書をしていましょう」などと子どもが呼びかけてくれます。そうすると教師が慌てて教室に行かなくても、自分たちでやるべきことをしてくれます。

　あとは、教室に行ってそれをほめて、「自分たちでできている」ことを一緒に喜びます。子どもの力を借りて負担感を減らすことができる、これこそ「1.5馬力学級経営」の姿です。

―(*1.5馬力ポイント*)―――――――――――――

子どもだけで1日を過ごせるように当番を設計しよう。そうすることで子どもの力を引き出し、教師は負担感を減らすことができる

―――――――――――――――――――――――――――

4 7日目まで：友達同士でフォローし合おうと呼びかける

✦ お互いを「励ます」「支える」力を借りる

　ここでは、子どもの「友達をフォローする」という力を借ります。時に、教師は子どもたちに注意をしたり叱ったりする場面があります。もちろんその後のフォローも必須なのですが、教師1人でフォローまで完璧にやり切るということには限界があります。

　時には、注意をしたままでその後のフォローができず、子どもの中にずっとモヤモヤを残してしまうということもあります。そこで、僕は子どもたちに力を借りて「フォローする」という役割をしてもらっています。こうしたやり方に行き着いたのには、かつての苦い経験がありました。

✦ 子ども同士で注意させることの行く先

　「静かにして！」「ちゃんと並んで！」と、子どもたちが友達に呼びかけをしているクラスを一度は見たことがあるのではないでしょうか。僕のかつてのクラスもそうでした。あろうことか、僕はそういった声かけをするように子どもたちに呼びかけていました。以前は、「自分たちで注意し合えるのがいいクラスだよ」と教えていました。

　今にして思えば、自分に学級経営をする力がなく、どこか子どもたち

に頼っていたところがあったのかもしれません。しかし、その先に待っていたのは騒々しくてギスギスした毎日でした。

「クラスをよくしたい」という思いをもつ子どもたちが、できていない子を責めるような言い方をし、言われたほうはそれに反発。子どもたちの間でギスギスした雰囲気が広がってしまい、喧嘩が起きることも少なくありませんでした。そうした状況を目の当たりにして、「自分の考えは間違っていた」と気づきました。

✦ 注意するのは教師の仕事

その失敗があってからは、毎年、学級開きをしてすぐに、子どもたちに以下のような話をします。「誰かを叱ったり注意したりするのは先生の役割。叱られた子がいたら、みんなはその子を暖かく見守ってあげたり支えてあげたりしてほしい。そうしてみんなでクラスを作っていってほしい」と。

毎年、それを聞いた子どもたちの中には安心したような表情をする子がいます。それは、今までに注意をするという役割をしてきた子か、友達から注意をされてきた子であることがほとんどです。

子ども同士で注意をし合うというのは、教師の負担が減る反面、子どもたちにとって大きなストレスになっていることが多いのです。

子どもたち同士がよいところを認め合える学級にしていくには、教師が学級の方向性を明確に示し、安心感をつくることが必要だと考えます。

―(*1.5馬力ポイント*)――――――――――――

教師がしっかりと「注意する」役割を担い、子どもたちには「励ます」「支える」という形で力を借りる。このような役割分担によって、子どもたちも教師もストレスを感じにくい安定した学級がつくられる

5 1か月目まで：掲示物を作ることや教材の置き場所などを任せる

✦ 子どもの力を借りるには、小さなところから

　「子ども主体の学級経営」に憧れる先生は多いでしょう。確かに、子どもたちは自分たちで行動する力をもっています。しかし、その力を引き出すには工夫が必要です。

　想像してみてください。いきなり校長先生から「この職場はあなたたちのもの。全部好きにしていいですよ」と言われたら、多くの人は戸惑いますよね。子どもたちも同じです。いきなり「自分たちでやりなさい」と指示すると、それがストレスになることがあります。

　なぜなら子どもたちはまだ「自分たちに何ができるのか」「そのためにどう行動すればいいのか」を確立していないからです。だからこそ、**最初は小さな範囲を任せ、徐々に広げていくことが大切**です。

✦ やってみよう！

例1　教室の掲示物作り

　給食の当番表などの掲示物の飾り付けを子どもたちにお願いします。画用紙やマジックペン、折り紙やのりなどを用意しておきます。高学年なら道具だけ用意しておけば、見やすくておしゃれな掲示を作成してくれます。低学年の場合は、画用紙に表の貼り付けだけしておいて、周り

の飾りを子どもたちにしてもらうのがおすすめです。もし飾り付けがうまくいかなかったとしても、肝心の表は見られるので、学級全体が困ることは避けられます。

　また、掲示物を作成したら、どこにそれを掲示するとよいかをクラスで話し合うとよいでしょう。子どもたちの中で、「見やすいから前のほうがいいんじゃない？」とか「給食当番が見やすいようにエプロンの近くがいいと思うよ」と提案が出されます。

　たかが掲示物１つですが、教師が作成して場所を決めたのと、自分たちで作成して自分たちで場所を決めたのでは大きな違いがあります。

例２　ロッカー内の教材の位置を決める

　例えば、図工や音楽などのたまにしか使わない教科書ってありますよね（専科の先生、失礼な言い方ですみません）。その教科書をロッカーのどの位置に置くのかも子どもたちの判断に任せます。例えば、教科書を配付してくれる係があれば、その子たちに「自分たちが配達しやすいように位置を変えていいよ」と伝えます。すると、「音楽は上の段がよくない？」といった感じで自分たちで決めます。どの位置が配りやすいかなどは、教師よりも子どもたちのほうがよっぽどわかっています。子どもたちに任せることで子どもたちにとってより生活しやすくなります。

　この２つの方法のよさは、もしうまくいかなくてもクラス全体に悪影響がないことにあります。なので、子どもたちに「自分たちでできた！」という思いをもたせられる体験の最初のステップとしておすすめです。

─(**1.5馬力ポイント**)────────────────

子どもたちの力を引き出すには小さなことから子どもたちに任せよう。
小さな成功体験を積み重ねていくことが「1.5馬力学級経営」につながる

6 子ども同士で よいところを伝え合う 活動を設定する

✦ 「ほめる」に子どもの力を借りる

　「子どもをほめないといけない」と必死に子どもをほめようとした結果、「ガ、ガンバッテルネ…（こわばった笑顔）」と明らかに不自然になってしまった経験は誰にでもあるはずです。

　子どもを上手にほめられたほうがいいのは間違いないし、子どもたちもほめられることで自己肯定感が高まって明るい教室になっていきます。

　でも、教師が無理にほめようとすると不自然になってしまい、「先生、本当にそう思っているのかな？」とどこか不穏な空気になっていきます。

　そこで、「1.5馬力学級経営」の出番です。子どもをほめるために子どもの力を借りるのです。

✦ 「ほめほめタイム」を設定する

　この実践は、菊池省三先生の「ほめ言葉のシャワー」をもとに、より短時間でいつでも実践できるようにしたものです。

　まず4人班を作り、机を向かい合わせにします。1人が立ち、教師が1分のタイマーを開始します。座っている3人の子どもは、1分間ひたすら立っている子に、その子のよいと思うところや素敵だなと思ったこ

と、感謝の言葉などを伝えます。

　僕たち教師よりも子どもたちのほうがお互いのよいところをわかっています。だから、伝えられる言葉も生きたほめ言葉です。また、子どもたち同士でほめ合うことで、互いの関係もよくなっていきます。

　教師は、無理に子どもをほめなくても子どもたちがお互いにほめて認め合ってくれる、これぞ1.5馬力な学級経営です。

✦ 2つのことに注意しよう

　この実践をするには2つの注意点があります。

　1つ目は、子どもがふざけたり冷やかしたりすることがないように事前指導をすることです。この実践は、子どもが照れ隠しでふざけたり、ほめたつもりが不用意な一言で相手を傷つけてしまったりすることがあります。

　実践前に「相手のよいところを伝え合う時間だよ。自分が言われてもうれしい言葉かどうか、考えてから伝えようね。相手のために言葉を伝えられる人ほど、自分にも素敵な言葉が返ってくるはずだよ」などと声かけをしておきましょう。

　2つ目は、1分間は班で沈黙をつくらないようにすることです。ほめ言葉で盛り上がる子がいる一方で、ほめ言葉が出てこない子がいるとその子はかえって傷ついてしまいます。同じほめ言葉でもいいので、1分間は常に沈黙をつくらないよう伝えることが大切です。

─(**1.5馬力ポイント**)──────────────────

「ほめほめタイム」で子ども同士でほめ、認め合う空気をつくっていこう。
子どもの力を借りれば、教師が無理にほめる必要はなくなる

7 子どもの行いを価値付け、価値観をつくっていく

✦ 教師からの押し付けは、子どもに響かない

　僕たち教師には子どもたちに伝えたいことがたくさんあります。ところが、「挑戦しよう」「互いに助け合おう」と子どもたちに伝えたものの、子どもたちの行動が変わらないというのは、誰しもが経験したことがあるのではないでしょうか。教師からの一方的な押し付けは、子どもたちにはなかなか響きません。

　そこで、子どもの力を借りましょう。

　僕は、子どもの行動を取り上げ、そこからクラスで価値観を共有するようにしています。

✦ 子どもの行動から、クラスで価値観を共有する

　僕が担任している1年生のクラスには「迷ったらやってみよう」というスローガンが飾ってあります。このスローガンは、ある子の成長から生まれました。

　その子は、自分の意見に自信がなく、最初のうちは、挙手することは一度もありませんでした。しかし、休み時間に僕と話す中で「ほんとはね、こう言いたかったんだよ」とよく話してくれました。周りの子どもたちもその子の思いを応援してくれていました。

しかし、2か月ほど経ったある日、遂にその子が手を挙げました。みんながそれを喜び、僕が「どうして手を挙げられたの？」と聞くと、「迷ったらやってみようと思ったから」と答えました。

　それ以降、クラスでは「迷ったらやってみよう」が合言葉になりました。挙手や体育の授業など、誰かがやろうか迷っている場面では、「迷ったらやってみようだよ！」と子どもたちが声をかけて背中を押してくれるようになりました。

　そこで、僕が「迷ったらやってみようって素敵な言葉だね。この考えはこのクラスの宝物だから、教室に掲示しよう」と提案し、教室に掲示しました。

✦ 教室に掲示することでずっと大切にできる

　人は忘れる生き物です。せっかく子どもたちの中に生まれた素敵な価値観も、形に残しておかないと、いつの間にか忘れてしまいます。

　なので生まれた価値観を、いつでも子どもたちが見られるように教室に掲示しておくことが大切です。そうすることで、「迷ったらやってみようだよ！」というように子どもたちで声をかけ合ってくれるようになります。

―(1.5馬力ポイント)――――――――――――――――――――

クラスで大切にしたい価値観は、子どもの行動から取り上げよう。そして、その価値観は目に見える形にしておこう

8 教師がいない時に授業を進めておいてもらう

✦ 教師が授業に遅れることって時々ある

　とある休み時間の職員室。

　僕「ああ忙しい。次の授業の準備もしてない。欠席の子の連絡もしなきゃ…あ、野村先生。サウナ？そうそう、行ってますよ。（キーンコーン）あ！時間になっちゃった！教室行かないと…」

　もちろん僕たち教師は、授業の開始時刻に教室にいないといけません。しかし、1年間の中ではそうはいかないこともあります。

　例えば、休み時間にケガをしてしまった子の手当をしたり、職員の打ち合わせが長引いてしまったりといったことはどの先生もあることだと思います。

　ただ、そうした教師がいない時に、子どもたちが何をしたらいいかわかっていない学級は荒れていきます。

　以前の僕の学級もそうでした。僕が遅れて教室に入ると、子どもたちは好き放題にやりたいことをやっていて、ひどい時には追いかけっこをしていた子が椅子につまずいてケガをしていることもありました。

　そして、その度に僕はその子たちを叱っていました。授業に遅れているのは自分なのに…。そうして教室の雰囲気はどんどん重くなっていきました。

　しかしこれは、決して子どもたちは悪くありません。まずは教師が遅

れたことが悪い。そして、**教師がいなかった時にどうするのかという仕組みをつくっていなかったことが悪かったのです。**

✦ 自分の分身をつくって何をするのかを明確にせよ

では、どうすればいいか。僕は、教師がいない時に全体に指示を出す担当をつくっています。自分がいない時に、自動的に自分の分身が現れるイメージです。僕のクラスでは、日直が担当することにしています。

教師がいない時の日直の仕事は以下のとおりです。

①挨拶をする。

②その日の授業でやることを全体で確認する。

③「では、やりましょう」と全体に呼びかける。

例えば、国語だったら漢字ドリルを1ページ進め、音読をする。算数だったら、教科書でその日のめあてを確認し、自分で問題を解いてみるといった感じです。

やることが明確になっていないと教室は荒れていきやすい。だから、やることを明確にし、子どもにそれを進めてもらうようにお願いしておきます。

こうすることで、教師が授業に遅れても子どもたちはすべきことを進めておいてくれます。教師は、その姿に感謝するだけです。

──(1.5馬力ポイント)───────────────

子どもたちが自分たちで授業を進めてくれる仕組みにしておくことで、教師は急いで教室に行く必要がなくなり、教室も安定する。教師のいない隙間の時間も、子どもの力を借りて埋めていこう

────────────────────────────

9 子どもたちに廊下の
掲示を手伝ってもらう

✦ その掲示、子どもの力を借りれば5分で終わります

　図工の時間に描いた子どもたちの絵やポスターなどを廊下に掲示することってありますよね。場合によっては、名簿順に並び替えて、1枚1枚をクリップでつなげ、それを持ち上げて画鋲で留める。

　1度の掲示に何分もかかり、気付けば休み時間も終わって作業が授業の時間にかかってしまうことも。そんな掲示の時にこそ、子どもの力を借りるチャンスです。**ポイントは役割分担です。**これさえしっかりしていれば、低学年でもスムーズに作業ができます。

✦ 掲示の際の上手な力の借り方

　例えば、画用紙に描いた作品の掲示作業を細分化してみましょう。
　①名簿を確認して作品を名簿順に並び替える。
　②画用紙ごとにクリップをつける。
　③画用紙をクリップで連結する。
　④連結された画用紙を教師に手渡す。
　このように分けた上で、子どもに①〜④の作業をしてもらいます。高学年では、自主的に役割分担をして作業してくれます。
　一方、低〜中学年では、ある程度こちらで役割分担をしたほうがスムー

ズに作業ができます。

　例えば、名簿順に並び替えるところでは、1人に名簿を渡し、ほかの子に画用紙を渡す→名簿を持っている子が名簿順に名前を読み上げ、画用紙を持っている子は、読み上げられた子の画用紙を重ねて置いていく→その繰り返しで、名簿順に画用紙が並ぶ、という方法をとるとかなりの時短になります。

　こうして作業にかかる時間を短縮できれば、時間に余裕が生まれます。そして、教材研究や子どもと遊ぶことなどにその浮いた時間を充てることで、子どもたちに還元していくことができます。

　子どもの力を借りて、効率よく掲示の作業をすることで、教師も子どもも充実した時間にすることができるのです。

✦ 意図をもって力を借りよう

　力を借りる時には、全体と個別を意図をもって使い分けます。例えば、全体へ声をかける場合には、「掲示をしたいんだけど力を借してくれる人〜！」と呼びかけて、挙手してくれた子に感謝の気持ちを伝えます。学級初期の全体と関係づくりをしたい時期におすすめです。

　一方、個別に声をかける場合は、やんちゃ気味で叱ることが多くなりがちな子や、クラスで脚光を浴びることが少ない子にお願いします。手伝ってもらった後に、クラス全体に「○○君がね、みんなの作品の掲示を手伝ってくれて、みんなの作品もきれいに飾れたよ」と伝えれば活躍を演出できます。

─(1.5馬力ポイント)────────────────

掲示作業の時こそ、子どもの力を借りよう。作業を細分化し、役割分担をして完了させ、浮いた時間を子どもに還元していこう

───────────────────────────────

10 教師の仕事を子どもたちにも覚えておいてもらう

✦ 教師の仕事は多すぎる！

　先生たちの頭の中は常に仕事でいっぱいです。ここで、ある先生の休み時間の頭の中を覗いてみましょう。

　「ああ疲れた。次の授業で使うワークシートを職員室に取りに行かなきゃ。いや、待てよ。さっきあの子の顔が暗かったな。少し話しかけておこうか。そういえば、休み時間に何かあったような…、あ！しまった。休み時間に委員会の集まりがあったんだー！」

　…と、このような状況は、多くの先生が経験していることだと思います。教師の仕事はあまりにも膨大です。次から次へと仕事が降りかかり、それらをやっつけていかなくてはいけません。

　ですから、僕たちは休み時間も常に何かしら動き回っていることが多いものです。

　恐ろしいのは、その膨大な中に、重要度の高い仕事もしれっと混ざっていることです。例えば、休み時間に委員会の集まりがあったり、子どもと外で遊ぶ約束をしていたり、保護者に連絡をとったりといった感じです。

　このように僕たち教師は、多くの仕事に追われながら、優先順位の高いものをしっかりとキャッチして働いていかなくてはなりません。

✦ 子どもに覚えておいてもらおう

そこで、「1.5馬力学級経営」の出番です。子どもの力を借りましょう。なんてことはありません。**子どもたちに「先生、今日の休み時間に委員会の集まりがあるんだけど、絶対に忘れてるから声をかけてくれる？」と伝えておくのです。**ポイントは、「絶対に忘れてるから」を強調して言うことです（笑）。

子どもたちは、先生からお願いされると張り切って覚えていてくれるものです。休み時間になると、「先生、委員会の集まりがあるよ！」と教えてくれるでしょう。

ちょっとしたことですが、子どもたちが覚えておいてくれるという安心感があるだけで余裕が生まれます。教師は余裕がもてて子どもたちも喜んでくれる。Win-Winな方法です。

✦ スマートウォッチの力を借りるのもあり

Apple Watchなどのスマートウォッチのリマインド機能を活用することも有効です。リマインド機能とは、スケジュールやタスクを忘れないように通知してくれる機能です。

僕は、Googleカレンダーで予定を管理し、予定の10分前になったら通知するように設定しています。忘れていても時計がプルッと震えて教えてくれるので、予定をすっぽかすことが激減しました。ほかにも便利な機能が多くあるので、興味のある方はぜひ購入してみてください。

―（ *1.5馬力ポイント* ）――――――――――――――――――――――

仕事の量が膨大な教師生活。積極的に子どもやスマートウォッチにリマインドしてもらおう

2学期以降：
シン会社活動で学級
を活性化する

✦ 学級を活発にしたければ子どもの力を借りよう

　「活発な学級にしたい」「子どもたちが自主的に行動できる学級にしたい」と思っている方は多いでしょう。そのような方にこそ、子どもの力を借りるという発想を強くおすすめします。

　子どもたちに対して、いくら教師が「もっと活発になろう」と鼓舞しても、大きな変化は期待できません。しかし、子どもたちが自分から行動するような学級ができた場合、学級の雰囲気は自然と活発になります。教師が積極的に介入しなくても、子どもたちは楽しく過ごせるようになるでしょう。このような1.5馬力学級経営に最適なのが、**会社活動**です。

✦ 会社活動の導入で学級を活性化しよう

　僕が、学級を活性化するために行うのが会社活動です。これは、「クラスのみんながより楽しく過ごせること」を目標に、子どもたちが活動するものです。

　子どもたちは、例えばレクを企画するレク会社や、漫才を披露するお笑い会社など、自分がやりたいこととクラスのみんなが楽しんでくれることの重なるところを考え、会社を立ち上げます。会社活動については先行実践が多くありますので、ぜひネットで検索してみてください。

✦ GIGA で可能になったシン会社活動

　GIGAスクール構想によって子どもたちに1人1台の端末が支給されました。子どものできることが大幅に増加し、GIGA以後の会社活動は「シン会社活動」と呼べるほどの進化を遂げています。

　特に大きな進化は、子どもが気軽に動画撮影をできるようになった点です。これによって、子どもがクラスの子に見せたいものを好きな時に好きな場所で好きなように撮影することができるようになりました。

　例えばダンスを踊るのが好きな子は、校庭で自分たちが踊る様子を撮影し、ミュージックビデオさながらに編集して給食の時間に披露していました。ほかにも、プレゼンテーションアプリを活用してクイズ大会を開催するなど、子どもの活動の幅は広がっています。

　教師が無理に学級を盛り上げようとしなくても、子どもたちが自主的に活動して学級が潤う。子どもの力を借りることでそうした学級経営をすることが可能になります。

✦ 学校ごとのルールには注意しよう

　会社活動は、子どもの好きなように活動をさせるからこそ、学級が活性化します。しかし、例えばタブレットの使用ルールやどの程度活用していいかは学校によっても違います。実践をされる際には、学年主任や情報主任の先生に事前に確認しておくことをおすすめします。

─(1.5馬力ポイント)──────────

子どもの力を借りることで学級は活性化する。会社活動×ICTで子どもが生き生きとする学級経営をしよう

12 宿泊行事のテーマや目標を実行委員中心で推進してもらう

✦ 行事こそ子どもの力を借りる

　教師の働き方において、よく槍玉に挙げられるのが学校行事です。例えば、運動会の時期が近くなると「準備が大変」「教育課程にないのにやる意味があるのか」といった意見がよく見られます。僕もその気持ちはよくわかります。ですがその一方で、学校行事でしか子どもたちが経験できないことや、学校行事だからこそ伸びる力もあると感じています。

　そこで、**いかに子どもたちの力を伸ばしつつ、教師の負担を減らしていけるかがポイント**になります。

✦ 特に宿泊行事は子どもの力が必要

　高学年になると宿泊行事が始まります。例えば6年生では修学旅行があります。子どもたちが楽しみにしている行事であり、子どもたち同士の仲間意識を高めるなど教育的効果も期待できます。とはいえ、できるだけ教師の負担を減らしつつも、子どもたちの力はのばしていきたいものです。

　そこで、僕は子どもの力を借りています。修学旅行前に実行委員を募り、その子たちに修学旅行の目標の設定や、目標に迫るための方法を考えてもらい、さらに全体への呼びかけも行ってもらいます。

✦ 実行委員の力を借りる

　修学旅行の1か月ほど前に実行委員の子どもたちを集めます。まず、どんな修学旅行にしたいかを考えてもらい、実行委員として1つの方向性を出します。それぞれの実行委員の子にどんな修学旅行にしたいかを書き込んでもらうと、「みんな」という言葉が多かったことと、「一生の思い出に残る」や「楽しくたくさん学べる」といった個人的な思いがあったので、それらをまとめて「みんなと自分、両方を大事にする修学旅行」という目標ができました。

　目標ができたら、今度は週ごとの行動目標を立てます。修学旅行までの4週間。1週ごとにどのような目標を立てて行動できるようにしたら、修学旅行当日に学年の全員が目標に迫れるのか、実行委員の子どもたちに考えてもらいました。

　実行委員の子どもたちに考えてもらった結果が以下のとおりです。

　1週目…休み時間に班の子と遊んで仲を深めよう。

　2週目…京都の名所について調べて、学ぶ準備をしよう。

　3週目…友達と話し合い、班での行動計画を立てよう。

　4週目…5分前行動できるように、チャイム着席をしよう。

　実行委員の子たちはこの行動目標を学年掲示板に貼り付け、各教室で呼びかけをしてくれました。教師が押しつけるのではなく、実行委員の子たちが主体的に呼びかける姿が、学年の子どもたちの心を動かしていました。

　このように、学校行事の時には、子どもの力を借りるという発想で子どもの活躍の場をつくっていきます。

─(1.5馬力ポイント)────

学校行事こそ、教師の負担を減らしつつ、子どもの活躍の場を増やしていこう

13 授業中の意見を 子ども同士で受け止め 合えるようにする

✦ 教師が頑張る授業は、もうやめよう

ここは、とある教室です。黒板には「〇〇について話し合おう」という課題があるにも関わらず、授業には活気がありません。様子を見てみると、発言する子どもは教師に向けて意見を言っています。

教師はそれを「うん。うん。〜と思ったんだね」と受け止め、板書していきます。その間、ほかの子は発言を聞くでもなく、ぼーっとしたりあくびをしたり。教師はなんとかその状況を打破しようと、「〇〇さんの意見について、意見のある人はいますか？ 間違っていてもいいんだよ」と額に汗を浮かべながら問いかけるも、一部の子だけが繰り返し発言をして45分が過ぎていきます。

これは、僕が若手時代に繰り広げていた授業の光景です。皆さんもこんな光景を1度は見たことがあるのではないでしょうか。

かつての授業は、教師が頑張るものでした。教師が子どもの意見を取り上げ、問い返し、子どもの思考を深めていくといった形です。しかし、この方法で子どもたちの学びを深めるには授業者の技量が必要です。

✦ 子ども同士で聞き合い、意見をまとめていく授業へ

そこで、僕が実践しているのが、子どもに頑張ってもらう授業です。

意見の聞き手を子どもに譲っていき、子どもたち同士で意見を受け止め合うようにしていきます。

　例えば、僕のクラスでは意見に対して、聞き手の子どもたちは何かしらの反応をするようにしています。僕は日頃、子どもたちに「うん、うん」とか「んー？そうかなあ」とか「なるほど！」とか、なんでもいいから、とにかく反応をしようと伝えています。

　子どもに話をした時に反応がないとつい「わかりましたか？」と聞いてしまうことがあります。そう、話し手にとって一番つらいのは、反応がないことです。だから、教師は子どもの発言に対して一生懸命に反応をしてしまうわけです。これを子どもたちに譲っていきます。子どもたちが意見に反応し合うことで、活発に意見が出るような授業にしていくのです。

　子どもたちで聞き合えるようになれば、自然と発言者も周りの子たちに話すようになります。子どもたち同士で意見を受け止め合えるようになり、教師はより広い視野で授業に臨むことができるようになります。

✦ 受け止め合えるようにするには、反応の語彙を増やす

　子どもが反応できない理由の一つに、「どう反応していいかわからない」といったものもあります。語彙をこちらが伝えて、反応できる幅を増やすとよいでしょう。

　例えば、同じ意見なら「うんうん」「そうそう」、違う意見なら「んー？」、納得なら「なるほど！」といったように黒板に書いておくなどします。

---(**1.5馬力ポイント**)----------------------

教師が頑張る授業から、子ども同士で意見を受け止め合える授業にしていこう

14 授業での サポート役を 子どもに任せる

✦ 「解き方がわからない」に教師1人は限界がある

　こんな経験はないでしょうか。例えば算数で練習問題を解く時間のことです。「わからない子は遠慮なく手を挙げてね」と子どもに呼びかけると1人の子が挙手しました。その子のサポートをしている時、周りを見るとほかにも数人の子が挙手し始めました。「ちょっと待っていてね！」と呼びかけます。

　とはいえ、わからない子のサポートを適当にするわけにはいきません。丁寧に教えて、できたところで次の子へ、とやっているうちに最後の子までいくことができずにチャイムが鳴ってしまいました。こんな光景は、全国の小学校でみられるはずです。学級には30人ほどの子どもたちがいて、それを1人で全てサポートするのは不可能です。こんな時こそ、子どもの力を借りるのです。

✦ 得意な子に先生になってもらう

　特に算数の授業は、問題を解く時間に個人差があります。得意な子は早く解き終わって暇になり、時間のかかる子はチャイムが鳴ってしまうまで問題を解き続ける、というのはよくあることです。

　そこで、早く解き終わった子から先生になってもらいます。

✦ 事前に先生の役割をしっかりと伝えておくこと

　ここで注意しないといけないのが、先生役の子が答えだけを教えてしまうというものです。何も子どもたちに伝えていないと、先生役の子どもが「そこは4だよ」というように答えだけを教え、教わる子もそれで問題を解けた気になってしまうということがよくあります。これでは、教わる側に力はつきません。

　そこで、事前に学級で「先生っていうのは、みんなが学ぶのをサポートする役割だよ」というように先生の役割について話をしておきます。そうすることで、「ここに注目するといいよ」とか「あー、ここの計算が惜しい！」と適切なサポートをしてくれる子が増えていきます。

✦ 教師よりも子どもがサポートするほうがよい理由

　教室には「先生にわからないところを聞くのが恥ずかしい」という子がいます。そういった子にとって、先生よりも友達のほうが気楽に相談することができます。そして、先生役の子と教わった子の間でも仲が深まります。教師は負担が減り、子どもたちは仲が深まり学力もつく。そういったよさがあるのですから、子どもの力をどんどん借りたいものです。

　ただ、ずっと教える側と教わる側が同じだと子どもたちの間で上下関係ができてしまいます。算数で教わることが多い子も、国語では友達をサポートできる、というようにいろいろな教科で代わるがわる先生になってもらってどの子にも活躍の場があるように気をつけましょう。

―(1.5馬力ポイント)――――――――――――――――――

あなたが1人で背負っているその仕事、子どもの力を借りることで子どもにとっても教師にとってもみんなにとってもためになる

15 Kahoot!×Formsで子どもに問題作成をしてもらう

✦ 教師が問題を作る時代は、もう終わり

　子どもたちの学力向上のためにと、教師が問題作成をする時代はもう終わりました。**教育用クイズサービスのKahoot!と、アンケートツールFormsを使用すれば、子どもが自分たちで問題集を作り、そして自分たちで解くことができます。**Microsoft Forms、Googleフォームどちらでも大丈夫です。ここでは、Microsoft Formsを例に挙げます。

　この実践のメリットは以下のとおりです。

- 教師の問題作成の負担が減る。
- 子どもが問題作成を通じて学習したことをアウトプットできる。
- 子どもが多くの問題を解くことで、学習したことの定着を図れる。

✦ やってみよう！　Forms の作成と配付

　Kahoot!は問題作成が可能なものの、サイトで直接作成すると少し手間がかかります。そこで、Kahoot!のHPで配布されている問題テンプレシートに問題をまとめて記入し、アップロードする方法が一番手間も少ないです。まず、Formsを以下のような項目で作成します。

項目名　※①〜⑤は記述式、⑥、⑦は選択式

①問題文　　　　　⑤選択肢4

②選択肢1　　　　⑥回答時間：10、20

③選択肢2　　　　⑦答えの選択肢：1〜5

④選択肢3

次に、作成したFormsを子どもたちに配付します。

TeamsやGoogle Classroomなどでリンクを貼り付けてもいいですし、QRコードを教室のディスプレイに表示する方法でもいいでしょう。

アクセスした子どもたちは、作成した問題や選択肢などを記入していきます。こうして集まった問題データをダウンロードし、Kahoot!のテンプレシートに貼り付けます。

あとは、サイトでこのテンプレシートをアップロードすれば問題の作成は完了です。子どもたちや先生の好みに合わせてゲームモードを選択してください。また、以下の点に注意してください。

・問題が正しくないこともある

子どもが作成した問題なので、問題が間違っていることもあります。事前に子どもたちにそういうことがあるかもしれないということは伝えておくといいです。

・目的を子どもたちと共通理解しておく

Kahoot!は楽しく学習できるツールですが、勝ち負けにこだわり過ぎる子どももいます。事前に「知識を定着させることが目的だよね」などと子どもと共通理解をしておくことが大切です。

─(**1.5馬力ポイント**)──────────────

Kahoot!とFormsを活用し、子どもの力を借りて楽しくラクに学力向上を目指しましょう

第 2 章

AI の力を借りると超速に！

仕事の負担が
軽くなる使い方

生成 AI を使う前に：AI の特徴と使い方や注意点

✦ そもそも生成 AI ってなに？

　本書では、生成AIの力を借りて、仕事をラクにする方法を紹介します。生成AIというと難しそうですが、そんなことはありません。

　生成AIとは、簡単に言うと、インターネット上の情報を学習し、文章や画像を作り出す技術のことです。あるテーマやキーワードを入力すると、関連する文章や画像が自動的に生成されます。

✦ 生成 AI の代表格、ChatGPT と Microsoft Copilot

　ここでは、生成AIの代表格ChatGPTとMicrosoft Copilot（以下、Copilot）について紹介します。

　ChatGPTはOpenAI社によって開発された生成AIです。文章作成やプログラミングなど多岐にわたるタスクを瞬時にこなす能力を持ちます。無料版では高速に回答を提供し、有料版ではさらに精度の高い回答やWord、Excel、PDFの読み取り、画像生成が可能です。

　一方で、Copilotは、職場で使うことが多いWindowsに標準搭載されているAIです。皆さんがインターネットで検索する際に使用するMicrosoft Edgeを開き、右上にある青いアイコンをクリックすることで使用ができます。ChatGPTの有料版と同等の賢さをもち、画像生成

や最新の情報に基づく回答が可能です。

　どちらも使用方法はシンプルで、メッセージアプリのように指示文（プロンプト）を入力するだけです。例えば、「小学４年生向けの学級通信の文を作成してください」と入力すると、数秒で叩き台が完成します。

✦ 生成 AI 使用上の注意点

　使用する際の注意点としては、**個人情報やプライバシーに関する情報の入力は絶対に避けること、AIの回答は批判的に受け止めること、保護者の許可なしに児童生徒に使わせないこと**が挙げられます。詳細は、文部科学省の「初等中等教育段階における生成AIの利用に関する暫定的なガイドライン」をご覧ください。

　また、自治体によって利用可能なAIやその範囲が異なるため、自治体の方針に従って使用してください。

✦ 本書の活用例について

　本書の活用例はChatGPTを使用したものになっています。ですが、基本的には同じ指示文（プロンプト）でCopilotでも使用が可能です。ご自身の使いやすいAIに合わせてお使いください。

　なお、Copilotでは代用が難しいものや、ChatGPTの有料版機能を使っているものは、その旨を記載しています。

　また、生成AIはプロンプトが同じでも、その都度回答は異なります。そのため、本書で紹介しているような期待した結果が出ない場合には、再度同じプロンプトを入力し直したり、少し言いまわしを変えたりするなど、やり直してみてください。

2 10秒で書ける！研修レポートの叩き台作り

✦ そのレポート、AI なら 10 秒で書けます

　教師の仕事は授業だけに留まらず、さまざまな書類作成やレポートの提出が求められます。これらの作業は重要である一方で、時間を大幅に消費するものです。

　そこで、文章作成が得意な生成AIの出番です。この力を借りることで効率的に行うことができます。レポートの叩き台作りはAIに任せ、教材研究や子どもと接する時間をしっかりと確保していきましょう。

✦ ChatGPT 活用の極意は、見本を見せること

　AIに文章を書かせるにはコツがあります。その一つが「**見本を見せること**」です。AIは賢いので、仮に大雑把に「〇〇のレポートを書いて」と指示しても、それなりの文章は書いてくれます。

　しかし、レポートは形式や書く内容などが指定されていることが多く、AIの出した文章が適していないことが多くあります。

　そこで、先に見本を示すことがポイントになります。例えば、昨年度までに自分が作成したレポートなど、AIが文章を書く上で見本となるものを用意し、それを提示するのです。そうすることで、AIはそれに沿った文章を作成してくれます。

✦ 見本を見せたら、内容を簡潔に伝えよう

　見本となる自分の研修レポートを貼り付けた後に以下のプロンプトを添えます。

＃＃＃＃＃＃＃＃＃＃＃＃

あなたは小学校教師です。上はある教師の研修レポートです。上記の書き方を参考にして、以下の内容でレポートを作成してください。

（以下、日付や内容を簡潔に箇条書き）

　すると、このように見本の体裁に合わせて文章の叩き台を作成してくれました。あとは、加筆修正すればレポートの完成です。

---

1. **ペア活動の導入**：教師はペア活動を積極的に取り入れ、子供たちに協力して答えを見つける機会を提供しました。この方法は協力心を育む上で効果的であり、子供たちは協力して学ぶ姿勢を示しました。
2. **意見の聞き合い**：教師は子供たち同士で意見を聞き合う場を設け、積極的に声を出すよう促しました。これにより、子供たちは理解を深めるために努力し、受動的な姿勢を取りませんでした。
3. **根拠の重要性**：附属の先生方は日頃から「根拠は？」と質問し、子供たちに具体的な根拠を求める習慣を教えています。これは議論や学びの質を向上させるのに役立つアプローチです。
4. **学びの動機づけ**：教師たちは学びの動機づけに重点を置き、他の教科や実生活への関連性を強調しました。例えば、説明文の授業では「わかりやすいスピーチをするために、説明の仕方を学習する」という実用的な目標を設定し、子供たちに意義を感じさせました。

以上が○○小学校での研修から得た印象と学びです。これらのアプローチは教育現場で活用する上で非常に有益であると感じました。

─(1.5馬力ポイント)─

AI活用の極意は見本を見せること。見本を見せて、自分の理想に近い形で文章を作成してもらおう

3 より自分の理想に近い 学級通信に! AIには質問させよ

✦ AIに質問させることで、より詳しい学級通信に

　AIは見本を見せるだけでも、学級通信の叩き台を作成可能だと紹介しました。実は、さらにAIに質問させることで、より自分が伝えたい内容の学級通信を作成できます。以下のようにプロンプトを入力します。

＃＃＃＃＃＃＃＃＃＃

（自分の学級通信を貼り付ける）

　あなたは、小学校教師です。上の３つの文章は、それぞれ私が作成した学級通信の文章です。この文章の書き方を真似して以下の内容で学級通信を書きます。まずあなたが最高の結果を出すために必要な情報が出揃うまで私に質問をしてください。情報が出揃ったところで作業を始めてください。

　（以下、書きたい内容を簡単に箇条書き）

・運動会があった

・マリオのダンスを体をめいっぱい使って踊れた

・バルーンを曲に合わせてリズムよく操作できた

　プロンプトに下線の命令文を加えました。すると、右ページのようにAIは質問をしてきますので、それに答えましょう。あまり丁寧に答える必要はありません。簡潔で大丈夫です。

> **AI**
>
> こんにちは、2学期が始まりましたね！ 子供たちは夏休みの楽しい思い出を語りながら登校してきて、とても嬉しいです。きっと素晴らしい夏休みを過ごしたことでしょう。
> 運動会、マリオのダンス、そしてバルーンの操作について、詳しく教えていただけますか？ 以下の情報をお教えいただけると、学級通信を書くのに役立ちます。
>
> - 運動会ではどのような競技やイベントが行われましたか？ 子供たちはどのような活躍をしましたか？
> - マリオのダンスについて、どのような練習や準備があったのでしょうか？ 子供たちのダンスが成功した瞬間を教えてください。
> - バルーンを曲に合わせてリズムよく操作できた瞬間について、具体的なエピソードをお聞かせください。

> **T**
>
> - ダンスのほかに徒競走や大玉送りがありました。子供はお家の人に良いところを見せようと一生懸命頑張っていました。また、他学年の応援も頑張りました。
> - 振り付けを覚えるために繰り返し練習に励みました。
> - 子供たちが全員でタイミングを合わせるために、「1.2.3.4」とリズムを口ずさみました。

　すると、こちらの答えた内容を踏まえて文章を作成してくれました。より詳しい文章になっていることがわかるかと思います。時間があれば、いろいろと試してみてください。

> **AI**
>
> 素晴らしい情報、ありがとうございます！それでは、学級通信を作成しましょう。
>
> こんにちは、皆さん！
> 2学期が始まり、運動会が終わりましたね。子供たちは一生懸命頑張り、お家の方々に良いところを見せようと努力しました。徒競走や大玉送りなど、様々な競技に挑戦し、他学年の応援も頑張りました。彼らの努力と協力精神に感動しました。

─(1.5馬力ポイント)

AIを使う極意は、質問させること。質問をさせることでよりよい文章を作成してもらおう

4 朝の会の
トークテーマ作り

✦ 子どもに語れる教師になりたい！

　「自分が子どもの頃にどんな授業を受けたかよりも、当時の先生が語ってくれたお話のほうが記憶に残っている」という方は多いのではないでしょうか。僕がかつて同じ学年を組んだ時の学年主任で、子どもたちの心に火をつけるのがとても上手な先生がいました。その先生のクラスの子どもたちは、目に火がついたように一つ一つの行事に本気で挑戦し、行事が終わった際には感動して涙を流している子もいました。

　どのようにしているのかをその先生に聞いたところ、一つの答えが返ってきました。それが**「日々とにかく語る」**でした。自分の家族の話や休日にしたことなどの雑談から、クラスの様子を見ていて気になること、時には叱ることまで、とにかく毎日自分の考えを語って子どもたちに伝えているとのことでした。

✦ AI の力を借りて、朝の会で子どもに語ろう

　僕は雑談から大切にしたい話まで、その大半を朝の会で子どもたちに伝えています。授業内では授業進度に影響しますし、帰りの会では、「話はいいから早く帰りたいよ！」という子どもの心の声が聞こえてきます。時間に余裕があって、子どもたちの集中力が高い朝の会で話すのがベス

トでしょう。

　さて、重要なのは話す題材です。「子どもたちに話をしたいけれど、どんな話をすればいいかわからない…」という先生も多いでしょう。

　そこで、AIの出番です。AIは、世界中のさまざまなトピックについての情報を持っており、それらを活用して毎日異なるトークテーマを生成することができます。例えば、以下のプロンプトを入力しました。

**　あなたは経験豊かなプロの小学校教師です。今日は11月5日です。朝の会で子どもたちに語るのに最適な話のテーマの案を30個挙げてください。**

　すると、以下のように挙げてくれました。

　なお、内容は時に正確でないものも含まれます。信用しすぎないように注意してください。

AI

もちろん、朝の会で子供たちに語るのに適したテーマのいくつかの案を提供します。11月5日のテーマとして以下のような話題を選んでみてはいかがでしょうか。

1.　秋の自然：秋の特徴や秋に起こる自然の変化について話すことができます。紅葉や秋の野菜、秋の空気の冷たさなど、季節の変化を子供たちと共有しましょう。
2.　ありがとうの気持ち：11月は感謝の月とも言われています。感謝の気持ちを持つことの大切さや、友達や家族に感謝の気持ちを表す方法について話すことができます。
3.　偉大な人物の誕生日：11月5日に生まれた有名な人物や歴史的な出来事について話すことができます。例えば、詩人の竹内栖鳳や物理学者のジョン・チャップマンが生まれた日です。
4.　秋の楽しみ：秋に楽しむことができるアクティビティや行事について話すことができます。ハロウィンや感謝祭の祝い方や、秋の休日に楽しむ方法を共有しましょう。
5.　動物の冬の準備：冬が近づいているので、動物たちがどのように冬の準備をしているのかについて話すことができます。ハイバネーションや冬毛について説明しましょう。

どのテーマを選んでも、子供たちが興味を持ち、学びの機会になるような話を心がけましょう。また、子供たちが参加しやすい質問やディスカッションのポイントを用意して、活発な対話が生まれるようにしましょう。

✦ より最適な情報を引き出す

　ほかにも、例えば以下のようなプロンプトにすると、その時期に合った話の題材を提示してくれます。

　あなたは経験豊かなプロの小学校教師です。今日は11月４日です。朝の会で子どもたちに語るのに最適な話のテーマの案を教えてください。

　また、追加で話の構成メモを考えてもらうこともできます。

　「〇〇（テーマ名）について、話の構成メモを考えてください」と入力すれば、下のように構成まで考えてくれました。

> **T**
> ５の動物の冬の準備を、子供たちの成長と絡めて２分程度で話の構成を考えてください。
>
> **AI**
> もちろん、子供たちの成長と関連付けた話を通じて、動物の冬の準備について語る構成を以下に示します。この話は、子供たちが理解しやすく、共感しやすいように工夫されています。
> **始めに（10秒）**
> ・あいさつと日付の挨拶をし、子供たちに対話に参加することを促します。
> **冬が近づいてきたことの紹介（20秒）**
> ・"みんな、窓の外を見ると、木々の葉っぱが色づいて落ちてきているでしょう？これは秋の訪れを意味します。そして、秋が過ぎると冬がやってきますね。今日、私たちは冬に備える動物たちのお話をしましょう。"
> **動物たちの冬の準備（30秒）**
> ・"動物たちは、寒い冬に備えて様々な方法を使います。例えば、ハリネズミは、冬眠という方法を使います。彼らは穴に入って寒さから身を守り、食べ物が少ない時期を乗り越えます。これは、成長しているあなたたちが冬休みの宿題を乗り越えるように努力することと似ていますね。"
> **子供たちの成長との関連付け（30秒）**
> ・冬が近づいていると、あなたたちも新しいことを学んで成長します。（以下略）

―（ 1.5馬力ポイント ）

　ＡＩの力を借りて、無理なく毎日子どもたちに語れる教師になろう

---

5 1分間スピーチや 作文のテーマ出し

✦ AIは、スピーチや作文のテーマ出しが超得意

　AIは、さまざまなことができますが、**特にスピーチや作文のテーマな
どのアイデア出しは得意中の得意**です。

　子どもたちの話す力や書く力を伸ばすために、1分間スピーチや作文
などの活動を設ける先生もいると思います。ただ、そのテーマを考える
のは案外手間がかかります。

　よくあるのが、子どもにテーマを尋ねられた際に「（しまった、考え
てなかった）テーマか、そうだな。んー…好きな食べ物で」と、その場
で思いついたテーマを出してしまうことです。

　しかし、AIにとって、このテーマを考えるという作業は超得意分野。
指示すれば、10個でも100個でもすばやくアイデアを出してくれます。

　テーマを考えるという重要だけど難しい作業も、AIの力を借りてス
ムーズにこなしましょう。

✦ どんなテーマにしたいのかを明確に伝える

　AIを活用すれば、テーマ出しの作業が大幅に楽になります。

　ポイントは、実施学年とその活動の目的を明確に伝えることです。そ
の情報があれば、年齢に適した、目的達成に効果的なテーマを提案して

くれます。例えば、以下のプロンプトを入力します。

あなたは小学校教師です。子どもが行う1分間スピーチのテーマを10個考えてください。

実施学年：小学4年生

スピーチの目的：聞く人にわかりやすく順序立てて説明する力を身に付けさせる。

すると、次のように効果的なテーマが生成されます。

AI

小学4年生の子供たちが行う1分間スピーチのテーマを10個考えます。これらのテーマは、順序立てて説明する力を身に付けるのに適しています。

1. 自分の家族を紹介する。
2. 好きな本のあらすじを説明する。
3. 自分の好きな季節を説明する。
4. 自分の趣味や特技を紹介する。
5. 最近訪れた場所や旅行の経験を語る。
6. 自分のペットについて話す。
7. 自分の好きな食べ物やレシピを紹介する。
8. お気に入りのスポーツやスポーツ選手について説明する。
9. 自分の学校の日常生活を説明する。
10. 特別な友達や友情について話す。

これらのテーマは、子供たちが順序立てて説明しやすく、自分自身について話す練習にも適しています。スピーチの練習を通じて、子供たちはコミュニケーションスキルを向上させることができるでしょう。

✦ 話すのが苦手な子への支援も

教室には、話したり書いたりすることに苦手意識を持つ子がいます。そういった子にとって、文型や話型があると安心できます。AIなら、このような文型や話型も瞬時に作成可能です。

例えば、先ほどの続きで以下のようにプロンプトを入力します。

2のテーマを採用します。人前で話すのが苦手な子のために、台本の

テンプレートを穴埋め形式で表してください。

　このように入力することで、次のように話型を表示してくれました。これを子どもに渡しておけば、不安な子はそれをもとに安心して話すことができます。

AI

もちろん、テーマ「好きな本のあらすじを説明する」のスピーチのための穴埋め形式の台本テンプレートを提供します。子供たちがこのテンプレートを使用して、スピーチの準備と練習がしやすくなります。

[スピーチのタイトル]
「私の好きな本：[好きな本のタイトル]」
[自己紹介]
こんにちは、みなさん。私は [あなたの名前] です。今日は、私の好きな本について話すことを楽しみにしています。
[好きな本のタイトルと著者]
私の好きな本は「[好きな本のタイトル]」という本で、著者は [著者の名前] です。
[本の主要な登場人物]
この本の主要な登場人物は、[主人公の名前] と [その他の重要な登場人物の名前] です。
[物語の舞台]
物語は [物語の舞台の場所] で起こります。
[物語の要約]
この本の物語は、[物語の要約を簡単に説明します。]。
[なぜこの本が好きか]
私はこの本が好きな理由は、[この本が好きな理由を説明します。]。
[おわりに]
今日、私は「[好きな本のタイトル]」という本についてお話ししました。この本は [繰り返し本の要約を簡単に説明します。]。私はこの本が好きで、みんなにも読んでほしいと思います。ありがとう。

─(1.5馬力ポイント)

テーマ出しは、AIの超得意分野。こちらの要望をしっかりと伝えることで、より希望に合ったテーマを生成してもらおう

6 複雑な日程作りも あっという間！ 懇談会の日程表作り

✦ 地味に時間のかかる懇談会の日程表作り

　学期末に保護者と面談をする懇談会（地域によっては、保護者面談とも呼ぶようです）は、保護者との大切なコミュニケーションの場ですが、日程調整は時間がかかる作業です。保護者の希望日時を募集し、集まった希望を日毎に分け、時間をノートにメモし、全ての家庭が重ならないように仕分けしないといけません。しかも、やっとの思いで完成させ、お知らせを出したところ「うちの希望と違うんですけど」なんて電話が入り、泣く泣く再度修正して印刷し直すなんてことも……。

　AIの力を借りれば、懇談会の日程の叩き台がすぐにできます。ゼロから作成するのは時間がかかります。AIの力を借りて、日程表作りの負担を軽減していきましょう。

　なお、今回の実践はChatGPTを用いたものとなっています。

✦ 事前準備

　まず、家庭から募った希望日時をテキストデータで右のようにまとめます。懇談会の希望日時をFormsなどのアンケートツールで募れば、この作業はコピペで済ませることが可能です。ただし、各家庭の名前は個人情報にあたるため、AIに入力する場合は偽名を使用したり名簿番号

に置き換えたりするなどの配慮をしてください。

　はじめに申し上げると、これはまだ完璧な活用法とはいえません。AIが時折ミスをする可能性を持っているからです。今回紹介する実践例に関しても、ChatGPTは少しミスのある日程を出力しました。**日程作成作業をAIに任せ、最終チェックや修正を教師が行うという方法が最適**です。

細川	19 日	13:00-16:00
田中	20 日	13:00-16:00
高橋	21 日	13:00-16:00
鵜飼	19 日	13:00-16:00
村松	20 日	13:00-15:00
根尾	21 日	13:30-14:00
大島	20 日	13:30-14:00
田島	21 日	14:00-16:00
橋本	21 日	15:30-16:00
谷元	19 日	14:30-15:00
柳	19 日 or20 日	13:00-16:00
梅津	19 日 or21 日	15:20-16:00
髙橋	19 日 or21 日	14:00-14:30
涌井	19 日	15:00-16:00
岡田	20 日	15:20-16:00
大野	21 日	13:00-14:00
福元	21 日	13:00-16:00
福谷	19 日	13:00-16:00
石川	19 日 or20 日 or21 日	13:00-16:00
石森	19 日 or20 日 or21 日	13:20-15:00
太田	19 日 or20 日 or21 日	13:00-15:30
森	19 日 or20 日 or21 日	13:00-16:00
三好	19 日	15:20-15:50
仲地	19 日	14:20-15:00
石垣	20 日	13:30-16:00
福	21 日	13:00-15:50

✦ 手順

　ChatGPTを立ち上げ、以下のプロンプトを入力します。

#命令書：スケジュールを立てるのがあなたのミッションです。 まず、

以下の#制約条件をもとにテーブル形式で表を作成してください。

#制約条件：

- 左に時刻、上に 19 日、20 日、21 日の【見やすいテーブル表の形式】で出力すること。
- 時刻は 13:00-16:00 までの間で 10 分区切りとすること。

すると、表が作成されます。

| AI | 以下に要望に沿ったスケジュールテーブルを作成いたします。 |

時刻	19日	20日	21日
13：00			
13：10			
13：20			
13：30			
13：40			
13：50			
14：00			
14：10			
14：20			
14：30			
14：40			
14：50			
15：00			
15：10			
15：20			
15：30			
15：40			
15：50			
16：00			

次に、以下のようにプロンプトを入力します。

#命令書：以下は、人名とそれぞれの希望日時です。上記の表に、26人がそれぞれ希望する日時のうちのどこか 1 箇所のみに名前を表示してください。

"""""

人名	希望日	希望時刻
細川	19 日	13:00-16:00

（以下、同様に続ける）

" " " " " " " "

#制約条件：

・人名は、表の1箇所だけに表示すること。

・同日の同時刻に2人以上の人名が重なることがないようにすること。

・26人全員の名前を確実に表に示すこと。

AI　　指定された情報をもとに、制約条件を満たすように26人の名前をスケジュールテーブルに配置してみます。ただし、この問題は複数の解答が存在しますので、一例としてご了承ください。

時刻	19日	20日	21日
13：00	細川	田中	髙橋
13：10	鵜飼		
13：20		太田	石森
13：30		大島	根尾
13：40			
13：50			
14：00	髙橋		田島
14：10			
14：20	仲地		
14：30	谷元		
14：40			
14：50			
15：00	涌井		
15：10		岡田	
15：20	三好		梅津
15：30		石垣	橋本
15：40			福
15：50			
16：00			

すると、それぞれのところに各家庭を当てはめてくれます。

あとは、最終確認をして日程表の完成です。

─(1.5馬力ポイント)─────────────

AIの力を借りれば、日程表の叩き台はすぐにできる。最終チェックは忘れずに

7 計画の土台作りも一瞬で! 行事の練習計画を作成

✦ 行事のリーダーを任された時には AI の力を借りる

　例えば、運動会に向けてあなたが学年演技のダンスの練習計画を立てて実行することを任されたとします。運動会本番の日から逆算して、練習や入退場、子どもの立ち位置の確認をいつするかなどを決め、それを実行していきます。しかし、その計画を立てるには大きな労力が必要です。

　ただでさえ忙しい生活の中に、そんな大役を任される。光栄なことですが、行事は大きな負担になります。しかし、AIの力を借りれば、運動会の練習計画の叩き台も瞬時に作成してくれます。

✦ 練習計画は AI に質問をさせよう

　AIに練習計画を立てるよう指示を出しますが、学校行事の練習計画を立てるためには必要な情報が非常に多くあります。その全てを一度のプロンプトに入れようとすると、入力が大変ですし、文が長くなって指示がきちんと伝わらない可能性があります。そこで、AIを使いこなす極意「**AIには質問させよ**」（P.46参照）を使いましょう。

　例えば以下のようなプロンプトを入力します。

あなたは小学校教師です。

運動会に向けての練習計画を立てテーブル形式で出力します。

　運動会本番に児童全員がしっかりと立派にダンスを披露することができるようにするために逆算して、段階的に必要だと思われる計画を詳細に表します。

　まず、あなたが最高の結果を出すために、必要な情報が揃うまで私に質問をしてください。情報が揃ったら作業を始めてください。

- 小学3、4年生　・1日2時間の練習時間　・土日は休み
- 運動会でダンス（15分程度）を披露する
- 練習ではダンス練習のほか、入退場とダンスの位置を子どもが覚える時間が必要

　すると、以下のようにAIから質問されるので、それに答えます。

AI

了解しました。運動会の練習計画を立てるために、以下の情報を収集します。

1. 運動会の日程：運動会がいつ行われるのか、日付を教えてください。
2. 運動会のリハーサル日程：運動会本番前にリハーサルがある場合、その日程も教えてください。
3. ダンスの曲：ダンスの練習に使用する曲や音楽の情報を教えてください。
4. ダンスの振り付け：ダンスの振り付けの詳細や難易度について教えてください。
5. チーム分け：児童をどのようにチーム分けするか、また各チームのメンバーについて教えてください。
6. 練習場所：練習を行う場所や施設についての情報を教えてください。

これらの情報が揃ったら、運動会の練習計画を詳細に立てることができます。情報が揃ったら、具体的なスケジュールを作成します。

　その結果、次ページのような練習計画を出してくれました。これで練習計画の基礎ができます。後は子どもたちに合わせて少し変えれば練習計画の完成です。

ありがとうございます。提供していただいた情報に基づいて、運動会の練習計画を立ててみましょう。以下はテーブル形式での計画です。

日付	活動内容
5月7日	練習開始
5月7日-5月11日	マリオの曲に合わせた振り付けの基本を教える
5月12日-5月16日	入退場の練習
5月17日-5月21日	ダンスの位置を覚える練習
5月22日-5月26日	マリオの曲と振り付けを合わせて練習
5月27日-5月31日	マリオの曲に合わせたダンス全体の練習
6月1日-6月5日	リハーサル
6月6日-6月7日	休息（土日）
6月8日	運動会本番

この計画では、ダンス練習の内容とステップを段階的に進めて、運動会本番で児童が立派に踊りを披露できるようにします。特にリハーサルを1週間前に設定して、本番に向けて準備を整えます。休息日も取り入れて、児童の体力やモチベーションを維持することが重要です。運動場を使用するため、練習場所の確保も必要です。
この計画は、3週間の練習期間内で、児童がダンスを習得し、運動会本番で素晴らしいパフォーマンスを行えるようにサポートします。運動会の成功を祈っています！

✦ 職員の役割分担も可能

　練習計画を立てる上で大切な視点が職員の役割分担です。これもAIにお願いしてみましょう。やり取りの続きに以下を入力します。

　この練習計画を実行するにあたっての職員の役割分担も考えてください。職員は3・4年の学年主任1人ずつと3年担任2人と4年担任2人がいます。

　そうすると次のように、分担を出してくれます。これも叩き台にして実情に合うように変えていけば役割分担も完成します。

練習計画を実行するために、職員の役割分担を考えてみましょう。以下は、職員の役割分担の提案です。

1. 学年主任 (3年と4年各1人ずつ)：
   - 全体の練習スケジュールの調整と管理。
   - リーダーシップと指導の提供。児童のモチベーションを高めるためのサポート。
   - 練習中の安全性と秩序の維持。
   - リハーサルと運動会本番の進行管理。

2. 3年担任2人：
   - マリオの曲に合わせた振り付けの基本を教える。
   - 入退場の練習をサポート。
   - ダンスの位置を覚える練習を指導。
   - ダンスのステップや動きの指導。

3. 4年担任2人：
   - マリオの曲と振り付けを合わせて練習。
   - マリオの曲に合わせたダンス全体の練習を指導。
   - リハーサル時の演技とパフォーマンスの向上をサポート。
   - 運動会当日の補助と進行管理。

　このように、行事の計画を立てる時にもAIはとても強力なパートナーになってくれます。AIが出してくれた案を叩き台にして、子どもや教師にとってベストな計画にしていきましょう。

─(1.5馬力ポイント)──────────────

ただでさえ大変な運動会。練習計画作成や職員の役割分担など、AIの力で負担を減らしていこう

────────────────────────────

8 AIで作品に合ったテーマを演出! 図工の掲示テーマ作り

✦ AIに図工作品の掲示テーマを考えてもらう

　図工の作品を掲示する際、その作品全体にテーマをつける時があります。時には、そのテーマを子どもの作品とともに廊下に掲示したり、所見に書いたりすることもあります。ここでは、そのテーマをAIに考えてもらう実践を紹介します。

✦ プロンプトの例

　いくつかのプロンプトの例を示します。実態に合わせて変えてみてください。

　工作：
　あなたは小学校教師です。児童が図工の授業で網とモールを使用して、あさがおを模した作品を制作します。この作品に適した子どもらしいポップなタイトルを10個考えて示してください。

　読書感想画：
　あなたは小学校教師です。児童が図工の授業で読書感想画を制作します。テーマになった本は「(本の書名)」です。この作品に適した子ども

らしいポップなタイトルを10個考えて示してください。

　絵日記：
　あなたは小学校教師です。児童が図工の授業で「(題材)」の絵日記を制作しました。この作品に適した子どもらしいポップなタイトルを10個考えて示してください。

✦ Canva を活用しておしゃれな掲示デザインを

　さらなる活用法として、Canvaを使用してテーマに合った掲示を作ることもおすすめです。

　最初にAIが提案してくれたテーマから１つを採用します。Canvaでそのテーマに合うシートを検索し、そこにテーマを貼り付け、文字の調整をすることで、おしゃれな掲示の完成です。

　テーマを考え、デザインも１から作っていたら膨大にかかる時間を、大幅に短縮することができます。

―（ 1.5馬力ポイント ）―――――――――

悩む時間はもったいない。AIの力を借りて適したテーマを生みだそう

9 子どもの記憶に残る 漢字の成り立ちや 豆知識を学ぶ

✦ AI の力で漢字学習をより記憶に残りやすいものに

　新しい漢字を学ぶ際、「どうせなら子どもたちの記憶にしっかりと定着させたい」と考える方は多いはず。しかし、実際にテストを行うと、案外、子どもの記憶に残っていないものです。

　漢字が頭に定着しない理由の一つは、子どもが漢字をただの記号として学習しているからです。

　だから、例えば、「『上』という漢字は、『線の上に物がある様子』からできた字」というように、子どもの学びを意味を伴ったものに変えていくことができれば、記憶に定着しやすい漢字学習にすることができます。

　ただ、僕たちには新出漢字の成り立ちを一つ一つ調べる時間はありません。そこで、AIの力を借りて、漢字の成り立ちや豆知識を教えることで、子どもたちの記憶に残る漢字学習ができます。

✦ AI に教えてもらおう

　例えば、「上」「下」「目」という漢字の成り立ちや豆知識を学ぶ場合、ChatGPTに以下のようにプロンプトを入力します。

　あなたは小学校教師です。「上」「下」「目」という漢字の成り立ちや豆知識を教えてください。

✦ 学習する漢字でクイズも作成可能

漢字学習の効果を高めるために、次のプロンプトも役に立ちます。

子どもがその3つの漢字を学習するために、適切な問題を作ってください。問題は「みましょう」など、子供たちに話しかける形式で作ってください。

すると、AIは書き取り、読み、意味を問うクイズを作成してくれます。これらのクイズは、新出漢字の学習が早めに終わった子に出してみるとよいでしょう。

`AI`

子供たちが「上」「下」「目」の漢字を学習するための問題を作成します。これらの問題は、漢字の理解を深めるとともに、読み書きの練習にもなります。

1. 書き取り練習
・問題：以下の空欄に「上」「下」「目」を正しく書き入れてください。
　1　うえの逆は「　」です。
　2　空は「　」にあります。
　3　「　」は顔の一部です。

2. 読み方クイズ
・問題：以下の漢字の読み方をひらがなで書いてください。
　1　上手
　2　下駄
　3　目玉

3. 漢字の意味当て
・問題：以下の漢字が使われている言葉の意味を選んでください。

―(**1.5馬力ポイント**)―――――――――――――

AIの力を借りることで、漢字の学習をより楽しく記憶に残るものに変えることができる。子どもたちが漢字をただの記号ではなく、意味を持つ言葉として学べるようにしていこう

10 子どもを惹きつけ学習意欲を高める導入のアイデア出し

✦ AI の力を借りて魅力的な単元の導入案を作ろう

　単元の導入は、子どもたちの学習意欲を高める上で非常に重要です。特に、新しい内容への興味を引き出し、授業への関心を深めるために工夫が求められます。ここでは、単元導入のアイデアをAIに考えてもらう方法を紹介します。

✦ 実践例

　例えば、小学1年生の算数科、単元名「ひき算（2）」の導入を考える場合、以下のようにAIにプロンプトを入力します。

　あなたは算数科に精通したプロの小学校教師です。小学1年生の「ひき算（2）」単元の導入を行います。子どもたちを惹きつけ、学習意欲を高める導入案を示してください。

　すると、次ページのように導入のアイデアを示してくれました。ゼロからアイデアを考えるのは大変ですが、このようにAIにアイデア出しをしてもらうことで負担が軽減できます。

　また、自分にはなかったような思わぬヒントを得られることもあります。ぜひ試してみてください。

AI

小学1年生の「ひき算」の導入は非常に重要です。子供たちに数学を楽しみながら学んでほしいですね。以下は、子供たちを惹きつけ、学習意欲を高めるための導入案です。

1. **ストーリーを使う**：数学は実生活に役立つものだと伝えるために、日常生活でのひき算の例をストーリーに組み込んでみましょう。例えば、友達がリンゴを持っていて、その中から何個食べたのか、いくつ残ったのかを計算する話をすることで、ひき算の重要性を説明できます。

2. **視覚的なツールを使用する**：カウンティングビーズ、数字カード、または図を使って、子供たちに具体的な数学的な概念を示してみましょう。例えば、カウンティングビーズを使って、10個のリンゴから3個取り出して、いくつ残るかを一緒に計算することができます。

3. **ゲームを導入**：子供たちが楽しみながら学ぶために、ゲームを導入しましょう。例えば、数の引き算を学ぶためのカードゲームや、数字を使った競争的な活動を取り入れてみてください。

4. **グループ活動**：子供たちが協力し合いながら学ぶ機会を提供しましょう。グループで問題を解決したり、お互いに質問をすることで、学習意欲が高まります。

5. **ポジティブな強調**：子供たちの成功を褒め称え、ポジティブなフィードバックを与えることが大切です。間違っても失敗ではなく、学びの機会と捉えるように励ましましょう。

✦ どんどん追加注文をしていこう

さらに、続けてAIに追加の注文をすることで、アイデアを絞ったり、広げたりしていくことも可能です。

- 他に案を2つ出してください。
- その案を採用します。その案を実行するのに、**必要なものを書き出してください**。

─(*1.5馬力ポイント*)────────────

AIを活用することで、子どもたちを惹きつける単元の導入案を簡単に、そして効果的に考えることができる。意外なアイデアを発見し、授業をより魅力的にするためにAIの力を積極的に活用していこう

11 口癖も授業スタイルも まるわかり！　自分の 授業を分析する

✦ 授業の腕は、自分ではわからない

　教師であれば、誰でも授業を上手にできるようになりたいものでしょう。しかし、例えば、口癖が多かったり指示がわかりづらかったりといったことは、自分ではなかなか気づきづらいものです。

　一般的な授業力向上の方法として、授業を人に見てもらって気づいたことを指摘してもらうというものがあります。ただ、この方法もそう簡単にはできません。見てもらう人の時間の都合がつかないといけないからです。

　ここでは、そんな自分の授業の分析をAIにしてもらう実践を紹介します。AIならいつでも何度でも自分の気が済むまで授業の分析ができます。

✦ 授業を文字起こしする

　AIに授業を分析してもらうために、授業を文字起こしする必要があります。かつては録音したテープを繰り返し聴いて文字起こしをしていましたが、今ではその必要はありません。PCタブレットなどの音声入力機能をオンにして授業を始めましょう。すると、自分の音声を聴き取って自動で授業記録が文字起こしされていきます。

このようにしてでき上がった授業記録をAIに貼り付けます。**この時、児童の名前などの個人情報に当たるものは必ず削除するように気をつけてください。**

貼り付けたのちに、以下のプロンプトを入力します。

下記はある教師の授業記録です。この記録を分析し、この教師の口癖や言葉遣いの傾向などを分析し、テーブル形式で出力してください。

AI	授業記録を分析した結果を以下の表にまとめました。

項目	結果
口癖	"はい"、"じゃあね"、"そうだね"
使用頻度の高いフレーズ	"お願いします"、"聞いて"、"始め"、"どう思う"
質問の形式	"〜いますか？"、"どう思う？"、"〜引いた人いますか？"
フィードバック形式	"よく読みましたね"、"とても声が大きくて良かったですよ"、"素晴らしい"
教材への言及	"国語"、"ごんぎつね"、"18 ページ"、"19 ページ"
授業スタイル	読み上げ→解釈→発表→クラス全体での反応

この教師は、クラスを引きつけるためにはっきりとした声や言葉を使っていることがわかります。また、生徒に対するフィードバックを頻繁に与え、生徒の意見を引き出すために質問を頻繁に用いています。さらに、教材の具体的なページを指示することで、生徒が授業に追従しやすい環境を提供しています。

すると、上記のようにAIが授業記録を分析して口癖や授業スタイルなどを分析してくれました。分析にかかった時間は30秒ほどです。

このように音声入力とAIを活用することで、ほとんど労力をかけずに授業を分析することが可能です。「自分の話し方を分析して授業の腕を磨きたい！」という方、ぜひお試しください。

─(*1.5馬力ポイント*)────────────

音声入力とAIの力で、授業での自分の話し方も負担なく客観的に分析することができる

12 授業上達へのステップを明確に！ 改善点をチェックリスト化

✦ 授業分析をしたその後はどうする？

　前項でAIで授業を分析する実践を紹介しました。授業力向上のためには、自分の口癖などを把握した上で改善していかなくてはいけません。そこで、さらにAIに自分の授業の改善点を挙げてもらったり、授業上達のためのチェックリストを作成してもらう実践を紹介します。

✦ 改善点を挙げてもらう

　前項の方法でAIに分析をしてもらった後、以下のようなプロンプトを入力します。すると、改善点を示してくれます。

　余分な言葉を削りたいと考えています。私の口癖などを分析し、できるだけ言葉数を減らすために意識したほうがいいことや言い換えられる言葉を教えてください。

✦ チェックリストを作ってもらう

　示してくれた改善点を意識するだけでもいいのですが、授業の際に改善点を意識できるようにチェックリストを作ってもらいましょう。先ほどのやり取りの続きに以下のプロンプトを入力します。

上記のあなたの提案をもとに、私が授業の時によりよい話し方ができるように、私のためのチェックリストを作成してください。

AI
授業改善のためのチェックリストを以下に作成しました。

1.　表現のバリエーション
- □授業中、「はい」や「じゃあ」などの口癖を意識して使用する頻度を減らしているか？
- □「はい」の代わりに「それでは」、「そうしましょう」などの表現を試しているか？
- □生徒とのコミュニケーションで様々な表現を使用しているか？

2.　質問形式の多様化
- □質問形式を「〜どういうこと」や「〜どこ」だけに依存していないか？
- □「〜なぜそう思うの？」、「〜その根拠は？」、「〜もしあなたならどうする？」といった質問を取り入れているか？
- □生徒が深く考えるための質問をしているか？

3.　肯定的なフィードバック
- □生徒に対して肯定的なフィードバックを提供しているか？
- □生徒が意見を発表した時に、具体的なフィードバックを与えているか？
- □「それは新鮮な視点だね」、「意見を共有してくれてありがとう」など、ポジティブな評価を積極的に伝えているか？

　このように改善点を項目ごとに端的にまとめてくれます。このチェックリストを印刷して時間のある時に確認することで、よりよい授業をすることができるでしょう。

---(**1.5馬力ポイント**)---------

授業を分析したら改善点を示してもらおう。チェックリストの作成で授業の腕を磨いていこう

13 架空のクラスで授業をシミュレーション

✦ この授業案で大丈夫だろうか…

　教師にとっての頑張りどころが、研究授業です。必死に教材研究をし、準備に準備を重ね、学習授業案を作成します。「もうやれることはやり切った！」というくらいに準備を重ねても、「この授業案でどんな授業になるのだろうか…」という不安はつきものです。

　そこで、AIに力を借ります。AIで架空の学級を作成し、授業案を示して授業をシミュレーションしてもらいます。シミュレーションして、授業の課題を洗い出しましょう。

　なお、ここで紹介する実践の写真はGPT-4を使用したものです。無料版のGPT-3.5でも実践可能ですが、ChatGPT有料版のGPT-4のほうがより詳細なシミュレーションを行うことができます。

✦ 架空のクラスを生成する

　まず、ChatGPTで架空のクラスを生成させます。以下のプロンプトを入力してください。

　架空の小学1年生のクラスを生成し、そこで私の授業案で授業をするとどうなるかシミュレーションをしたいです。まず、架空の小学1年生30名のクラスを生成します。学力や人間性、積極性などをバランスよ

く構成し、30名を生成してください。段階的に考えた結果を表にして
ください。

　すると、下のように氏名などすべて架空のクラスを生成してくれまし
た。

AI

架空の小学1年生30名のクラスを生成するため、各生徒の特性をランダムにバ
リエーションを持たせながら設定します。以下に、学力、人間性、積極性に基づ
いて構成した生徒たちのリストを示します。ただし、これらの特性は大まかなガ
イドラインであり、実際の児童はもっと複雑で多面的な特性を持っています。

生徒番号	名前	学力レベル	人間性	積極性	特記事項
………	………	………	………	………	………
1	佐藤　優	中	親切	髙	音楽が得意
2	田中　蓮	髙	礼儀正しい	中	数字に強い
3	鈴木　花	低	優しい	低	絵が得意
4	高橋　拓海	中	ユーモアがある	髙	スポーツが好き
5	伊藤　翼	中	穏やか	中	昆虫が好き
6	渡辺　桃	髙	責任感が強い	中	読書が好き
7	山本　理沙	低	考え深い	低	物静か
8	中村　輝	髙	リーダーシップがある	髙	クラス代表
9	小林　龍之介	中	社交的	髙	冗談を言うのが好き
10	斎藤　なな	低	気配りができる	中	美術が得意
11	加藤　海斗	中	活発	髙	チェスが得意
12	吉田　桜	髙	感受性が豊か	低	音痴
13	山田　悠斗	低	冷静	中	論理的思考
14	佐々木　萌	髙	勇敢	中	スポーツ万能
15	山口　真央	中	内向的	低	本が好き
16	松本　悠人	低	友好的	髙	動物が好き
17	井上　陽菜	髙	謙虚	中	積極的な学習者
18	斎藤　翔太	中	明るい	髙	クラスのムードメーカー

　さらに現実に近いシミュレーションをするため、人間関係も考えます。
30名の人間関係も作ってください。

30 名の生徒間の人間関係を作成するには、彼らの性格、嗜好、学力レベルなど
を考慮して、友情、リーダーシップ、競争、助け合い、影響などの関係を組み立
てます。これにより、生徒たちの社交的なダイナミクスが形成されます。以下に、
その概要を示します。

生徒番号	名前	友だちグループ	相性の良い生徒	相性の悪い生徒	影響を受けやすい生徒
....	......	....	....	....	....
1	佐藤　優	A	5,9	13	7,19
2	田中　蓮	B	6,20	24	30
3	鈴木　花	C	10,19	8	28
4	高橋　拓海	A	9,11	27	16
5	伊藤　翼	A	1,16	20	29
6	渡辺　桃	B	2,23	18	15
7	山本　理沙	C	15,19	11	1
8	中村　輝	B	12,14	3	27
9	小林　龍之介	A	4,11	26	18
10	斎藤　なな	C	3,25	17	2
11	加藤　海斗	A	4,9	7	24
12	吉田　桜	B	6,17	5	20
13	山田　悠斗	C	5,21	1	25
14	佐々木　萌	B	8,26	19	30
15	山口　真央	C	7,25	9	6
16	松本　悠人	A	5,29	23	4
17	井上　陽菜	B	12,20	10	26
18	斎藤　翔太	A	8,22	6	9

上記のように、子どもの人間関係をそれぞれ名簿番号を使って表して
くれました。準備が整いました。授業案のシミュレーションをします。

そのクラスで、以下の授業を行います。

**授業の様子をシミュレーションし、特に誰がどのようなところで活躍
し、誰がどのようなところで学習に躓いたり苦戦したりしたかを段階的
に考え、結果を示してください。**

#学習授業案：(以下、授業案を貼り付け)

すると、以下のように授業をシミュレーションしてくれました。

1. カードを並べる活動
- 生徒のほとんどが順番に注意してカードを並べることができました。特に、岡
  本大輔 (22 番) は数の感覚が良く、サクサクと並べることができました。一方、
  前田聖也 (24 番) は、数字に若干の不安を感じており、途中で間違えた順番
  を並べることがありましたが、友達の助けを借りて修正できました。

✦ 授業の改善点を出す

　授業をシミュレーションすると、実際に起こりうる課題が見えてきました。そこで、AIに課題を改善する案を出してもらいましょう。

　明日、あなたが実際にこのクラスで授業案のとおりに授業をします。苦戦が予想される児童に対してどのような支援をしますか。活動ごとに、必要な支援を詳細に示してください。

　このようなプロンプトを入力すると、以下のようにシミュレーションをした上で、必要だと思われる支援を活動ごとに考えてくれました。

　このように、ChatGPTで架空のクラスを生成し、授業案を示すことで授業の課題や改善点が見えてきます。授業前にぜひお試しください。

> AI
> 明日の授業で苦戦が予想される児童に対する支援は、それぞれの活動に応じて以下のように行います。
>
> 1. カードを並べる活動
> • 数に不安がある児童（例：前田聖也）には、1から10までの数を大声で数えさせながら、一緒にカードを並べるサポートを行います。また、物理的な数直線や数のブロックを用いて、実際に触れながら学べるようにします。
> 2. 学習課題の把握
> • 課題の理解に苦戦している児童（例：山本理沙）には、学習課題を簡単な言葉で分解して説明します。また、彼らが自分の言葉で課題を言い換えられるように促し、理解を確認します。
> 3. 適切な並び方を考える
> • 間隔の調整に苦労している児童（例：高木莉子）には、線やブロックなどの視覚的なツールを使って均等な間隔を示し、なぜそれが大切なのかを理解できるように導きます。

─（ *1.5馬力ポイント* ）─

ChatGPTなら授業のシミュレーションも可能。AIの力でよりよい授業にしよう

14 指導要領を使って AIが助言者に! 学習授業案を分析

✦ AIを活用した学習授業案の検討

　公開授業などで必要となる学習授業案は、教師が授業に対する熱い思いを込めて作成します。しかし、自分で作った授業案には主観が入りがちです。

　ここでは、文科省の「学習指導要領」と国立教育政策所の「指導と評価の一体化」に関する資料をもとに、AIを用いて学習授業案の分析やアドバイスを受ける方法を紹介します。

　AIは客観的な基準で授業案を分析してくれます。そうすることで客観的にみても適切な授業案になっているかを確認でき、教育の質の保証につながります。なお、この実践はChatGPT有料版のGPT-4を使用しています。

✦ AIに助言者になってもらおう!

　まず、作成した学習授業案とその教科に関連する『小学校学習指導要領解説』（文部科学省 https://www.mext.go.jp/a_menu/shotou/new-cs/1387014.htm）、『「指導と評価の一体化」のための学習評価に関する参考資料』（国立教育政策研究所　https://www.nier.go.jp/kaihatsu/shidousiryou.html）の資料データをそれぞれ準備します。

　次に、以下のプロンプトを入力してAIに助言を求めます。

あなたは算数科に精通したプロの小学校教師です。私が作成した学習授業案（ファイル名「算数科指導案綴」）について、目的を達成する授業案となっているか、また授業を実施する際のアドバイスをください。考える際には、添付した『学習指導要領』と『指導と評価の一体化』のファイルをもとにしてください。

```
AI
　この算数科の授業計画は、1年生の児童に対し、10より大きい数（20までの数）
を理解することを目的としています。数ブロックやカードを使った実践的なアプ
ローチに重点を置き、数の構築、順序付け、算数の基本概念の理解を促します。
授業には、数の並べ替え、数直線上の欠けている数を埋める活動、10より大き
い数の理解を強化するゲームなどが含まれています。この計画は、児童に基本的
な数学的思考と問題解決スキルを育成することを目指しています。

　成功するためのアドバイスとしては、児童の積極的な参加を促し、異なる理解度
を持つ児童に対しては個別のサポートを提供すること、そして学んだことについ
ての反省と討論の時間を設けることが重要です。また、定期的な評価を行い、授
業の進行を調整することも大切です。
```

　このように、授業案について端的にまとめた上で、授業が子どもたちにとってよりよいものとなるようにアドバイスをしてくれます。さらに以下のようなプロンプトを使うことで、深掘りも可能です。

- **・成功するためのアドバイスについてより詳しく教えてください。**
- **・評価は具体的にどのような方法で行うとよいか示してください。**
- **・アドバイスを踏まえて、改善した授業案を示してください。**

─(*1.5馬力ポイント*)──────────────

AIの活用により、「学習指導要領」や「評価と指導の一体化」などの資料をもとにした客観的な助言を数秒で受けることが可能になる。AIの力を借りて、教育の質を最大限に高めていこう
────────────────────────────

AIで学習授業案を
客観的に分析する

✦ いろいろな教師の目線で授業を見る目を深めよう

授業をする時に作成した学習授業案。前ページで述べたように、授業案はついつい自分の主観で見てしまいがちです。そこでAIを使って、授業案に客観的な指摘をもらう活用法を紹介します。

✦ 授業を好意的 & 批判的に見る

AIに以下のプロンプトを入力します。

＃命令書：あなたは算数科に精通したプロの小学校教師です。以下の授業案を読み込み、多角的な視点からこの授業を分析するのがあなたのミッションです。下記の授業案を2人の教師の視点からそれぞれ300字程度で意見を述べてください。

教師A：この授業案に否定的な考えです。

教師B：この授業案に好意的な考えです。

＃＃＃＃＃＃＃＃＃＃

（以下、授業案を貼り付け）

ChatGPTの有料版GPT-4を使用できる方は、授業案のWordファイルを添付して読み込ませることも可能です。

ChatGPTに指示を実行してもらった結果が以下のとおりです。

教師 A（否定的な考え）
この授業案には、いくつかの疑問点と懸念があります。まず、児童観において「学習に対する意欲が非常に高い」との記述がありますが、このような一般的な評価は全ての児童に当てはまるのでしょうか。児童一人一人の個性や学習の進捗をより具体的に把握し、指導に反映させる必要があると考えます。
次に、教材観において「20までの数の認識を深める」という目的が述べられていますが、具体的な教材や活動、評価方法の記述が不足しているように感じます。20までの数をどのような方法で教えるのか、どのような活動を通して児童の理解を深めるのかの詳細が欲しいです。
また、指導観において「数図ブロックを用いて表せるようにする」とありますが、具体的な数図ブロックの活用方法や、どのような結果を期待するのかが明確でないと感じます。児童が数図ブロックを使って何を学ぶのか、その過程でどのような課題や困難に直面する可能性があるのかを予測し、それに対する対策やサポートの方法を検討する必要があります。

教師 B（好意的な考え）
この授業案は、児童の学習意欲や現状の学習状況をよく理解しており、その上での指導計画が立てられていると感じます。児童観において、児童が自ら積極的に問題を解く姿勢や発言する姿を評価し、それを基に指導計画を立てている点は非常に良いと思います。
また、教材観では、児童がこれまでに学習してきた内容と、今回の授業での学習目的が明確に述べられています。特に「10といくつ」という数の構成の考え方を中心に、20までの数の認識を深めるという点は、児童の数学的思考力を養成する上で非常に重要だと感じます。
指導観においても、『数図ブロックを用いて』という具体的な教材の使用方法や、「じゅういくつ」という概念の導入方法が記述されている点は、授業の進行や児童の理解を深めるための方法として効果的だと考えます。全体的に、児童の学習の進捗やニーズに応じて柔軟に指導計画を立てている点が評価できると感じます。

　このようにして、AIから否定的、好意的の両者の視点を得ることで、授業案に客観的な意見を得ることができます。

─（ *1.5馬力ポイント* ）─────────────────

AIの力を借りて、授業案に客観的な意見を取り入れていこう
────────────────────────────

16 自己分析で自分の強み を仕事に活かす

✦ 自己分析の重要性

　教師一人ひとりにはそれぞれの強みがあります。例えば、人を引っ張る力がある先生もいれば、子どもたち一人ひとりを思いやって寄り添える力がある先生もいます。そして、その強みを自覚すれば、それは武器になります。しかし、多くの先生はそれが自分の強みであることを自覚していないのではないかなと思います。

　自分の持っている武器に気づいていないということ。これは非常にもったいない。例えば、RPGでモンスターを倒すのに強力な武器を持っているのに、その武器を持っていることに気づかずに素手で戦おうとするようなものです。**大切なのは、自分の強みを理解し、その強みを活用すること。**そこで、エゴグラムとAIを活用し、自分の強みを分析しましょう。

　ここでは、ChatGPTを使った活用法を紹介します。

✦ まず、エゴグラムで自分を分析する

　エゴグラムとは、心理療法で使われる性格分析の方法です。いくつかの自分の行動パターンや性格の傾向を５つのカテゴリー（CP、NP、A、FC、AC）に分けて評価してくれます。診断自体は非常に簡単で、ネットで「エゴグラム」と検索すると、診断サイトが出てきます。

✦ エゴグラムの結果を ChatGPT で分析

　エゴグラムの診断を終えると項目ごとに結果が出てきます。この時点で診断や分析は可能ですが、知識がないと正確な分析は難しいです。そこで、結果をChatGPTに分析してもらいます。

　以下のプロンプトを入力します。

あなたはエゴグラムの専門家です。以下の結果をもとに私の性格を簡潔に分析してください。CP○ NP○ A○ FC○ AC○（○に数値を入力）

　すると、以下のように自分の性格を分析してくれます。

> AI
> エゴグラムの結果を見ると、あなたは「Nurturing Parent（育てる親）」のスコアが最も高く、次いで「Adapted Child（適応子ども）」と「Critical Parent（批判的親）」が高い結果となっています。
> これは、他人への配慮や思いやり、保護欲が強い性格を示しています。また、あなた自身が環境や他人から期待される役割に適応しやすいこと、自己の行動や他人の行動に対して厳しい基準を持つことも示されています。
> ただし、このエゴグラムの結果はあくまで一部の性格特性を示すもので、全体像を把握するにはさらに深く理解する必要があります。

　この時点である程度自分の性格については理解できます。さらに以下のプロンプトであなたの強みとその活かし方を示してもらいましょう。

上記の結果と、私が小学校教師であることを踏まえて、私の強みを分析し、強みの活かし方につい段階的に考えて具体的にテーブル形式で出力してください。

　エゴグラムは性格や強み分析に非常に有効なツールですが、活用するには少し知識が必要になります。紹介したようにAIの力を借りることで自己分析も簡単にできるようになります。

─(*1.5馬力ポイント*)────────────────

ChatGPTで自分の強みを分析し、強みを活かした学級経営をしよう

────────────────────────────

17 慣れない部活も大丈夫! 練習プランを作成してもらう

✦ 経験のない部活動、どうする?

　教師の仕事はたくさんあります。その一つが部活動の顧問です。中学校と一部の小学校では、担任をしながら部活動の顧問を持つ先生も少なくありません。ただでさえ、教師の負担を問題視されているこの部活動の顧問。**特につらいのが、自分が経験したことのない部活動の顧問になることです。**子どもたちのほうがその競技のことをよく知っているなんてこともあり、特に経験がない部活動の顧問は大きな負担です。

　でも、心配はいりません。AIは、経験のないスポーツや部活動についても、初心者向けに紹介してくれたり、顧問としてのポイントや指導方法までアドバイスしてくれます。練習プランなども楽に作成ができます。その方法を紹介します。

✦ AI ができること一覧

- 競技について教えてもらう
- 指導のポイントや安全面

　部活動の顧問として、(競技名)における重要な指導ポイントや注意すべき安全面について教えてください。

- 練習メニューの考案

中学生（競技名）部の基本スキルの向上に焦点を当てた練習メニューを考案してください。平日は1時間。休日は3時間です。

（必要によって追加する）

　1週間の練習メニューを考えてください。平日は月水金の3日、休日は週に1日です。

AI

中学生野球部の基本スキルを向上させるための練習メニューを考案します。平日の1時間と休日の3時間を活用して、全体的なスキル向上に焦点を当てます。

平日の1時間練習メニュー：

1. **ウォームアップ（10分）：**
   • 軽いランニングとストレッチで体を温めます。
2. **キャッチボール（10分）：**
   • パートナーと距離を取り、正確なボールの投げ合いを行います。投手の制球力と捕手の捕球力を向上させます。
3. **バッティング練習（15分）：**
   • バッティングケージやソフトボールマシンを使用して、バッティングの練習を行います。基本的なスイングのメカニクスやボールの打ち方を磨きます。
4. **守備練習（15分）：**
   • グラウンドで守備の基本を練習します。フライキャッチ、ゴロのフィールディング、ベースへの送球などを行います。
5. **クールダウン（10分）：**
   • ストレッチやリラックスした運動を行い、練習を終えます。

休日の3時間練習メニュー：

1. **ウォームアップ（15分）：**
   • より綿密なウォームアップを行い、筋肉を準備します。

　経験のない部活動の顧問を任されたとしても、AIがあれば心配はいりません。練習プラン作成から、生徒とのコミュニケーションのヒントまで、AIはあなたをサポートしてくれます。

―(1.5馬力ポイント)――――――――――

AIを活用すれば、経験のない部活動の顧問になっても大丈夫。自信をもって部活動も楽しく過ごそう

18 AIがあなたを支える カウンセラーに！ 日記にフィードバック

✦ 孤独になりがちな教師という仕事

　教師は、学級経営や授業のことなど、自分1人で対処しなければならない仕事が多く、その結果、孤独になりがちです。

　そんな中、周りを見渡すと同僚の先生も忙しそうにしていて、気軽に相談もできないということはよくあるのではないでしょうか。

　僕自身もそうでした。学級経営の悩みや授業の疑問を抱えていても、周りを見ると同僚も学年主任の先生も忙しそうで、相談しづらい雰囲気がありました。だからこそ、AIの力を借りましょう。**AI相手なら、人には相談できないような悩みや疑問も気兼ねなく話せます。**教師が孤独感に打ち勝つための一つの策として、非常に有効な手段と考えています。

✦ ChatGPT があなたのカウンセラーになる

　AI相手なら、いつでもどんな内容でも、気軽に相談することができます。例えば、学級経営に関する悩み、新しい授業計画のアイデア、あるいは日々の小さなストレスに関しても、AIは客観的で建設的な意見を提供してくれます。

　では、実践方法を紹介します。

　まず、以下のプロンプトを入力します。

私は、小学校教師です。　あなたは、前向きで明るく、優しくて親しみやすい、いつも私を励ましてくれる存在です。先輩として、心理カウンセラーとして、時にはプロ教師として、これから私の日記に前向きな声かけをしてください。

＃＃＃＃＃＃＃＃＃

（以下、日記を記入）

> **AI**
> 運動会お疲れ様でした！あなたの指導と尽力が実を結び、子供たちは素晴らしいダンスを披露できたことを誇りに思っていることでしょう。子供たちの成長と努力が報われた瞬間ですね。
> 運動会の準備や実施には多くの労力と不安が伴うことがありますが、それを乗り越えて成功させたことは素晴らしいことです。子供たちのトラブルや不安に向き合い、信じて支え続けることが、教師としてのあなたの強さです。子供たちの笑顔のために日々努力してきた成果が、運動会の成功につながったのです。
> そして、疲れたときはしっかり休むことも大切です。体力とメンタルのリフレッシュが明日の活動に向けて必要です。休息をとりながら、また新たな一日に備え

おすすめの使い方は、スマホアプリで音声入力を使うことです。悩みを抱えている時は気分が重く、タイピングすることすらおっくうなこともあります。音声入力機能を利用すれば、実際に人に相談しているかのように話すことができ、同時に入力も完了します。

AIを使うことで、自分だけの時間を確保し、プライベートな思いや悩みを打ち明けることが可能になります。人には言えないようなデリケートな問題や、教師としての悩みも、AIと共有することで気持ちが軽くなることでしょう。

─(1.5馬力ポイント)──────

AIを活用すれば、いつでもどこでも気軽に悩みを相談できる。AIを良き相談相手やメンタルサポーターとして利用しよう

19 AIはムチャぶりで輝く! どんどん突っ込んでみよう

✦ AIにはムチャぶりせよ

「ChatGPTが便利なのはわかったけれど、何に使えばいいかよくわからない」という方もいらっしゃると思います。本書でここまで紹介してきたように、AIにはさまざまな活用方法があります。しかし、使い方に正解があるわけではありません。AIにムチャぶりをしていくことで、自分の目的の結果に近づけたり、あるいは自分の発想になかった考えを出してくれたりします。

ここでは、AIを使う目的が明確になっている場合と、そうでない場合でそれぞれのムチャぶりの仕方について紹介します。

✦ 目的が明確な時は突っ込んで自分好みにしよう

例えば、学級通信の文章をAIに書かせるという目的があるとします。P46・47の実践を参考にして、学級通信の文章を作成させます。これだけでもそれなりの文章は作成してくれるのですが、たまに自分好みの文章にならない時があります。その時には、再度こちらで条件を加え、書き直しをさせます。例えば、以下のようなプロンプトが使えます。

• 使っている単語が難しすぎます。○歳でもわかる単語に書き換えてください。

- 文が長すぎます。半分くらいの文章量にまとめてください。
- 文が簡潔すぎます。子どもの様子や活躍の具体例を入れて書き直してください。

　AIはどれだけ書き直しを命じられても嫌な顔ひとつせずに応じてくれます。遠慮せず、どんどんムチャぶりをして自分好みの結果を出してもらいましょう。

✦ 使う目的が明確でない場合は遊び心で発想を広げよう

　AIにムチャぶりをしてみると、思いもよらないおもしろい発想に出会うことがあります。例えば、以下のようなプロンプトを入力してみました。

　あなたは小学校教師です。小学6年生を相手に江戸時代の成り立ちについて授業をします。輪ゴム1つを使って、子供たちが江戸時代の成り立ちに興味をもつような魅力的な授業の導入を行ってください。

AI

江戸時代の成り立ちについて子供たちが興味を持つような授業の導入ですね。輪ゴム1つを使うということで、ここでは輪ゴムを用いた比喩を使ってみましょう。授業の始めに、輪ゴムを手に持って子供たちの前に立ちます。そして、以下のように話を始めることができます。

「みんな、この輪ゴムを見てこらん。これはとても伸びるんだ。さて、江戸時代が始まったとき、日本はちょうどこの輪ゴムのようだったんだよ。どういうことかというと、日本は長い戦国時代を経て、いろんな国や領域がバラバラになっていたんだ。でも、江戸時代が始まると、このバラバラだった日本が、徐々に1つにまとまっていったの。まるで、伸びていたこの輪ゴムが元に戻るようにね。」

―(1.5馬力ポイント)―――――――――――

AIはムチャぶりしてこそ輝く。どんどんムチャぶりをして、より自分好みに結果を出させたり、新しい発想に触れたりしよう

第 3 章

ICTの力で仕事がレベルアップ!

みんながラクになる
使いこなし方

1 文章作成ソフト(Word、Googleドキュメント)で卒業文集を編集

✦ 手書きの卒業文集は大変!

　僕が小学生の時の卒業文集は手書きでした。きっと令和の今でも何かしらの事情で手書きのところは多いでしょう。

　しかし、**手書きとデジタルでは教師と子どもの負担が大きく違います。**例えば、手書きの場合、子どもが書き直す際に消しゴムで字を消す手間がかかります。子どもによっては、原稿用紙が破れたり、ペンの字がかすれたりします。

　また、子どもたちの手書きは時に読みづらいこともあり、「これ、なんて書いたんだ?」と読み取るのに時間がかかることも。

　やっと子どもが書き終わり、こちらも点検し終わったとしても、原稿の修正という作業が残っています。終わる頃には、子どももこちらもへとへとに…。

　そこでICTの力です。Microsoft WordやGoogleドキュメントなどの文章作成ソフトの力を借りましょう。卒業文集の問題はほとんどがデジタルを使うことで解決します。

✦ 文章作成ソフトの活用

　ここでは、Microsoft Wordでの実践を紹介します。

1．テンプレートの準備と共有

　行数や文字数を設定したテンプレートを、クラスの子どもたちがアクセスできるTeams内のチームにアップロードします。

2．文章作成のプロセス

　子どもたちはテンプレートデータをダウンロードし、自分の文章を作成します。これにより、書き直しの手間が省かれ、作業の効率化が図れます。

3．完成データの共有

　子どもたちは完成したデータを「1（名簿番号）_名前」の形式でファイル名を付け、Teamsの共有ファイルにアップロードします。こうすることで、後でファイルを名簿順にソートできます。

4．チェックと修正

　教師はWordを使用して文書を開きます。Wordには、誤字脱字や文法上の誤りを指摘する機能があり、これらの箇所に自動的に下線が引かれます。教師はこれらの点をチェックし、必要に応じて修正を行います。

5．出来上がり！

　あとは、データを印刷して目視で最終点検をします。手書きによる読みづらさもありません。これで完了です！

―（ 1.5馬力ポイント ）―――――――――――――――――――――

文章作成ソフトの力を借りて、大仕事である卒業文集の点検や修正も効率よく進めよう

Canvaを使って
クラウド機能を活用した
国語のチーム学習

✦ 国語の授業って難しい…

　経験年数が浅い先生にとって、授業で子どもたちをどう惹きつけ、どう活動させたらよいのかはよくある悩みです。

　「物語の授業をどう進めたらいいのだろう？」「子どもたちの興味を引き出し、彼らの考えを深めさせるにはどうしたらいいの？」といった疑問は尽きません。

　特に国語の授業では、子どもたちが物語についてどんな考えや興味をもっていて、どの程度読み取れているのかを把握することは難しいです。また、読み進めるためにワークシートなどを作成すると、印刷したりそれをまたチェックしたりするのも負担になります。

　そこで、物語の授業をより効果的に進める方法として、ここでは、Canvaのクラウド機能を活用した国語のチーム学習について紹介します。Canvaとは、オンラインで使える無料のツールです。

　元々は高機能なデザインツールとして使われていたのですが、教育での活用と非常に相性が良いことから、近年授業で活用されることが多くなっています。興味のある方には、坂本良晶先生の『さる先生のCanvaの教科書』がおすすめです（P116参照）。この方法を取り入れることで子どもたちの関心を引き出し、各々の考えを深めることができ、また教師の負担も軽減することができます。

✦ 例：叙述に基づく読み進め

　例えば、登場人物の人物像を読み取る場面での学習は以下のように進められます。

1．右側に本文、左側にフリースペースを設けたシートを用意し、子どもの人数分複製します。
2．共有ボタンよりコラボレーションリンクを「リンクを知っている全員」に変更、リンクをコピーし、Teams や Classroom などで子どもに配付します。
3．子どもは自分の名簿番号のシートを操作します。
4．子どもたちは本文中の重要な部分に線を引き、フリースペースに自分の考えを書き込みます。

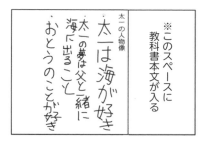

5．シートを全員が見ることで、ほかの子の考えに触れることができ、グループ全体の理解を深めることができます。

　国語では、本文の叙述をもとに考えることがとても大切です。本文を貼り、そこから考えるようにシートを構成することで、子どもたちは自然と本文を読み込んで考えられるようになります。

　また、印刷する手間も省け、子ども一人ひとりの学習がどのように進んでいるかがPCやタブレットで確認できます。シートはずっとクラウド上に残るので、成績付けの資料などとしても使えます。

―（ 1.5馬力ポイント ）―

Canvaのクラウド機能を授業で活用することで、教師の負担は減り、子どもたちは多くの意見に触れることができるようになる

Canvaの
温かいコメントで
自主勉強を支援する

✦ 自主勉強ノート、共有と認め合いでやる気アップ

　最近、宿題の形態が変化してきています。以前は教師が指示した内容をこなすものでしたが、今は子どもたちが自分で学習内容を選んで自主勉強に取り組むスタイルが増えています。

　そんな中で生まれる子どもたちの自主勉強ノートは、その子の努力と工夫の宝庫です。しかし、これをただ教師がチェックするだけで終わらせるのはもったいない！　クラス全体でこのノートを共有し、お互いに前向きなコメントをし合うことで、学びの楽しさとお互いを認め合う空気を育み、さらに素敵な学習方法を全体で共有することができます。

✦ Canvaを活用した実践方法

　Canvaを使った具体的な実践方法を紹介します。まず、P93と同じように教師は子どもの数だけCanvaにシートを準備し、誰でもコメントができるよう設定します。次に、Teamsなどを通じてリンクを共有し、子どもたちがアクセスできるようにします。

　子どもは、アクセスして自分の名簿番号のシートに自主勉強の成果を写真でアップロードします。これで準備は完了です。あとは、コメントし合う時間を確保するだけです。

子どもたちがお互いの努力に花丸をつけ合ったり、励ましのコメントを書き込んだりすることで、学習へのモチベーションが高まります。この方法は、教師が1人で全員のノートにコメントするという負担を軽減し、子どもたちのやる気を高め、互いの頑張りを認め合う雰囲気をつくっていくことができます。

✦ よい勉強方法の工夫を共有することも

自主勉強の方法を見合う活動をすることで、よい工夫の仕方を共有することもできます。自主勉強は自分1人の世界に閉じこもりがちです。**しかし、ほかの子の勉強方法に触れることで、「こんな勉強の仕方もあるんだ」「この方法を自分もやってみたいな」という思いをもつことができます。**自主勉強を共有し合うことで、全体の勉強の仕方もより向上していく効果も望めます。

ただ、自主勉強の成果を共有することを続けていると、子どもたちはつい見栄えに走ってしまうことがあります。

そこで、事前にクラスで「あくまで自分が賢くなるための自主勉強である」ことや、「見栄えではなく、本当に勉強につながる自主勉強になっているかを見る」ことを伝えます。

また、コメントの内容も冷やかしたりマイナスのことを書き込んだりしないように、「自分がもらってうれしい内容にする」「自分のコメントも周りから見られている」ことを伝えておくことも重要です。

─(1.5馬力ポイント)────────────────

Canvaを使って子どもたちの努力を見える化し、互いに認め合い、さらに高め合う雰囲気をつくっていこう

────────────────────────────

Canvaの子どもの作品と感想をクラウドでチェックし成績付け

✦ 成績付けの悩みを解消、Canvaで作品管理

　成績付けは教師にとって大切であり、かつ負担の大きい仕事の一つです。特に、子どもたちの授業や活動で示された努力を適切に評価することは簡単ではありません。

　例えば、図工の授業では、「あの子の作品はどんなふうだったっけ…」と、思い出すのが大変です。じゃあ、図工の作品や感想のプリントを手元に置いておこうとすると、保管するのにも場所を取ります。

　ここで力を貸してくれるのがCanvaのクラウド機能です。クラウド機能とは、インターネットを通じてデータを保存し、どこからでもアクセス可能にする技術です。

　Canvaのクラウド機能を使えば、物理的なスペースに縛られずに、子どもたちの作品や感想をオンラインで効率的に管理できます。

✦ クラウドに作品と感想を保存しよう

　教師はCanvaで子どもたちの人数分のシートを用意します。子どもたちは自分の名簿番号のシートに図工の作品の画像をアップロードし、作品を作る際の工夫や苦労した点の感想を書き込みます。

　この方法なら、教室のロッカーや教師の机に紙の資料があふれること

はなくなります。

✦ クラウドで簡単アクセス、成績付けもスムーズ

　クラウド上に保存された作品や感想は、成績付けの際に簡単に参照できます。これにより、教室でも職員室でも成績付けがPCやタブレットでできるようになります。

　また、教室もスッキリと片付き、子どもたちは作った作品をすぐに家に持ち帰って保護者に見せることができます。

✦ クラスでの共有も簡単に

　また、クラウド上で作品を共有することで、子どもたちが互いの作品を気軽に鑑賞し、コメントを交わすことも可能になります。

　作品も画像でアップされているので、子どもは特にいいなと思ったところを作品の画像に書き込んでコメントしたりするなど、認め合う活動もできます。

✦ 勤務する自治体に合わせたクラウド活用を

　自治体によっては、独自でクラウドを用意している所もあります。それぞれの勤め先に合わせて柔軟にクラウド活用していきましょう。

─(**1.5馬力ポイント**)────────────

Canvaのクラウド機能の力を借りて、効率的かつ根拠のある成績付けを行う。これにより、教師の作業負担を軽減し、子どもたちの学習過程を正確に評価することが可能になる

────────────────────────

5 Goodnotesを使って 実践的な板書計画を

✦ 板書計画は Goodnotes を活用しよう

　教材研究をする時に大切なのが板書計画です。特に、経験年数が浅い先生にとって、板書計画を立てて授業に臨むことは多いのではないでしょうか。ただ、この板書計画。紙にまとめると、紙が行方不明になったり、ノートにまとめるとかさばったりすることがあります。紙とペンを使うとすぐにできて便利なものの、一方で黒板にチョークで書くのとは実際の色使いが違って、授業をした後に「なんだかイメージと違った…」ということはよくある話。そこで、タブレットアプリ「Goodnotes」で板書計画を立てることをおすすめします。

✦ タブレットを使うなら Goodnotes は必須のアプリ

　Goodnotesはさまざまなメモを編集・整理するのに便利なアプリです。多くのメモアプリを試した中で、最も多機能で使いやすいのがGoodnotesでした。
　黒板を背景にして、チョークの色で書き込みをすることで、実際の授業の板書に近い形にすることができます。「強調したいここの箇所は、黄色が見やすい」というように子ども目線で板書を考えることができるのです。

また、Goodnotesなら、同じ背景のシートを何枚でも簡単に複製することができます。教科や単元ごとにフォルダーにまとめることができるため、授業の計画がより立てやすくなります。タブレット1台に全てが収まるため、いつでもどこでも簡単にアクセスできます。

しかも検索機能があるので、「あの授業の板書計画が見たい！」となった時にすぐにたどり着けるし、iPhoneをお持ちの先生ならデータを同期することでiPadでもスマホでも確認できます。

✦ 実際のイメージ

黒板のイラストを使えば板書計画ができる

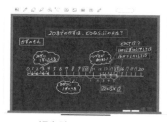

板書計画のイメージ

複製やページの移動もワンタップで可能

教科ごとなど資料もまとめやすい

―(1.5馬力ポイント)―

Goodnotesを活用して、簡単で便利に、実際の授業に近い板書計画を立てよう

6 Goodnotesを使って参観授業はタブレットで記録する

✦ タブレットで変わる、授業記録のカタチ

　参観授業の記録は、今やタブレットで簡単かつ効果的にできるようになりました。Goodnotesを使うと、これまでの紙ベースの記録とは違い、いろいろなメリットがあります。紙での記録の場合、消せない、色を変えられない、保管がかさばる、後から探すのが大変…。Goodnotesを使えばそんな悩みも解決します。

✦ 見やすくていつでも編集自在

　Goodnotesなら、さまざまな色に自由に変えられるので、ポイントごとに色分けして記録できます。大事な部分は目立つ色で、補足情報は別の色で…という具合です。そして、消したり書き加えたりするのも自由自在です。Apple Pencil（第2世代）なら、トントンとタップするだけでペンと消しゴムを簡単に切り替えられるので、記録がさらにスムーズにできます。

✦ 写真や音声も一緒に記録

　また、タブレットなので授業の様子を写真で残したり、大事な説明の

音声を録音してファイルに添付した
りもできます。これにより、文字だ
けでは伝わらない授業の雰囲気や子
どもの反応も記録でき、授業後に振
り返りをする時にも、非常に役に立
ちます。また、Goodnotesでのデー
タは、検索機能を使って瞬時に探し
出せます。授業ごと、日付ごと、あ
るいはキーワードごとに分類してお
けば、必要な情報をすぐに見つける
ことが可能です。

子どもたちの様子を記録した Goodnotes

✦ おすすめの使い方

　Goodnotesで授業記録をとる際には、参観する授業の学習授業案を
読み込んでおくことがおすすめです。PDFデータで配付されている場合
は、それを読み込んでもいいし、カメラでスキャンしてもOKです。

　授業案を読み込んでおくことで、後で検索することが可能になります。
「以前に観たごんぎつねの授業ってどんな感じだったっけ…」という時
に、Goodnotesの検索欄で「ごんぎつね」と検索すれば、瞬時に授業
案を出してくれます。

―(1.5馬力ポイント)―――――――――――――――――――

Goodnotesの活用で、参観授業の記録も一新。手間を省きつつ、より豊
富な情報を記録して、タブレット1台でスマートに参観しよう

―――――――――――――――――――――――――――――――

7 教科書をスキャンして Goodnotes を使って タブレットに収める

✦ 教科書スキャンで「忘れ物」解消

　「よーし、子どもたちも帰ったし、教材研究しよう！　あ、教科書、教室に忘れた…」こんな経験、教師なら一度はあるのではないでしょうか。

　そんな時、教科書の授業に使用する部分をスキャンしPDFデータにして、タブレットのGoodnotesに入れておけば、どこにいても教科書を見ることができます。同期設定をすれば、お手持ちのiPhoneでも見られるので、自宅でも学校でも大丈夫。重い教科書を持ち歩く必要もなく、なくす心配もありません。

✦ Goodnotes に入れるとこんなに便利

　Goodnotesでは、スキャンした教科書に直接書き込みが可能です。メモを取る、板書計画を練るなど、さまざまな使い方ができます。これで、授業準備の質も上がります。

　また、タブレットの画面を教室のテレビに映し出して、直接書き込みを行うこともできます。教科書も同様です。教科書の画面を映すことで、教科書を使った授業が視覚的にもわかりやすくなります。

✦ 教科書を Goodnotes に入れる方法

　教科書のデータをPDF形式で入手し、Goodnotesにインポートするのが最も簡単な方法ですが、これは教科書出版社や自治体によって権利や許諾が異なりますので、確認が必要です。

　次におすすめの方法は、スキャナーやプリンターのスキャン機能を活用することです。

　授業で使いたいページや、教材研究で使用する際など、必要最低限で使用したいページを選んでスキャンしていきます。１ページずつ開いてスキャンするのは、一見手間に思えるかもしれませんが、慣れてくると短時間でスキャンできるようになります。「スキャナーでスキャンするのは手間がかかる。内容がわかればいい！」という方は、Goodnotesのカメラを使ったスキャン機能で撮影する方法もあります。

　ページを撮影すると、自動でスキャンし、傾きなどを補正してくれます。ぜひお試しください。

　なお、教科書の著作権に配慮し、必ず私的使用に留めましょう。また、教科書出版社の使用許諾や規約の確認も忘れずに行ってください。

─(*1.5馬力ポイント*)────────────────

教科書をデジタル化することで、物理的な持ち運びの負担が減り、いつでもどこでも授業の準備が可能に。Goodnotesの力を借りて、授業計画をより柔軟に、効果的に行おう

───────────────────────────

8 会議資料を Goodnotesで保存し、 探す手間を省く

✦ 職員会議の資料、「どこだっけ?」とはもう言わせない

　毎月の職員会議で配付される紙の資料は、時間が経つと山のように積み重なります。ファイルに綴じても、後で「あの資料はどこに…?」と探し回ることに。ただでさえ忙しくて1分1秒でも惜しいのに、物を探すのに時間を費やすのは非常にもったいない。

　そこでGoodnotesの力を借ります。Goodnotesの検索機能を活用すれば、目的の資料を一瞬で見つけることができます。

　会議資料をPDFデータにしてGoodnotesに保存するだけで、簡単に管理できるようになります。デジタル化された資料は場所をとらず、何枚分の資料であろうがタブレット1台に収まります。

✦ 検索機能でピンポイントで資料を探す

　Goodnotesは資料の文字を自動で認識し、記憶してくれるので、検索欄にキーワードを入力するだけで、関連する資料がすぐに見つかります。「運動会」と入力すれば、運動会に関する資料がピンポイントで表示されます。

　また、手書きの文字も認識してくれるので、職員会議でとったメモや資料への書き込みも、後から検索してすぐに見つけることができます。

これで、探す手間を大幅に削減できます。

✦ 資料をどうやって Goodnotes に入れるの?

数枚程度の資料であればアプリのスキャン機能を使って撮影しましょう。資料の数が多い場合にはPDF形式のデータをアプリに入れるのが早いです。

会議資料のPDFデータを用意し、データを長押し後、「共有」→下をドラッグして「Goodnotesで開く」をタップ、または「共有」→画面に表示されるGoodnotesのアイコン、なければ右端の「その他」をタップすることで、資料をGoodnotesに入れることができます。

✦ 時間を有効活用しよう

物を探す時間は何も生み出しません。資料をデジタル化し、Goodnotesで管理することで、物を探す時間を大幅に削減し、その分を仕事の時間に充てることができます。時間は貴重な資源です。

Goodnotesを活用し、職員会議の資料管理をもっと効率的に行いましょう。

─(1.5馬力ポイント)──────────────

Goodnotes を利用することで、会議資料の管理と検索の手間を大幅に削減できる。Goodnotes のデジタル化機能を駆使して、より効果的な時間管理をしよう

9 Kahoot!を使って レベル別問題を用意!

✦ Kahoot! でレベル別に問題を用意しよう

　例えば算数科の授業。算数が得意な子も苦手な子も一律に同じレベルの問題に取り組みます。本当は、それぞれのレベルに合った問題を用意できるといいのですが、現実にはなかなかそれは難しい。なんとなく全体に合いそうなレベルの問題集などを使っているという現場が多いのではないでしょうか。

　そこで、Kahoot!を使ってレベル別の問題を用意することを考えました。Kahoot!なら、タブレットさえあればいつでも問題ができます。何よりもゲーム性があるので子どもたちは楽しく問題に取り組むことができます。

　ぜひ、Kahoot!で勉強が得意な子も苦手な子も楽しく学習に参加できる環境を作っていきましょう。

✦ おすすめの問題を用意

　問題を自分で1から作ることも可能ですが、既に作成された問題セットの利用がおすすめです。

　「カフート&ロイロマニア」（Xアカウント名@pawapo_loilo）さんのサイト「ICT支援の杜」では、学年別、単元別に問題が整理されており、探しやすく、非常に便利です。

ICT支援の
杜サイト

✦ 問題の配付方法

　問題の配付には、主に以下の2つの方法があります。

1　Teams を使用した配付

　Teams内のクラスのチャンネルに用意した問題のリンクを貼り付けます。URLをコピペするだけで配付が完了し、子どももそこからアクセスできます。TeamsやGoogle Classroomを使用できる方はこの方法がおすすめです。

2　QR コードによる配付

　Teamsの使用ができなかったり、Teamsの使用が難しい低学年にはQRコードをワークシートに貼って配付する方法が適しています。僕は授業で使用したワークシートの裏にQRコードを印刷しています。QRコードをタブレットで読み取ることで、子どもたちはすぐにKahoot!の問題にアクセスできます。

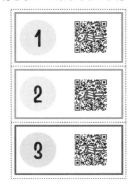

---(*1.5馬カポイント*)────────────

教師の負担は少なく、けれど子どもたちは楽しくて自分に合った問題に取り組める。Kahoot!を活用してレベル別問題を取り入れていこう

---

10 懇談会での保護者の聞きたいことをFormsで事前調査

✦ Forms で事前に要望をキャッチ

　僕は懇談会の時期が近づくと、Microsoft Formsなどのアンケートツールを利用して事前調査をします。主な調査内容は以下のとおりです。

1. 懇談会の日付
2. 子どもの名前
3. 特に聞きたいこと（学習面、生活面、特になし、その他から選択）
4. そのほか担任に伝えたいこと

　これらについて、懇談会の日までに答えてもらうことで、懇談会までに保護者が何を聞きたいのかを知ることができます。教師側も子どもの具体的な活躍や普段の様子を伝えられるように、準備することができるのです。

　この実践は、保護者にアンケートに回答してもらう協力を求めることが重要です。そのため、配付時には、アンケートへのアクセスをQRコードで提供し、懇談会の日程表に印刷しておくとよいでしょう。

─(1.5馬力ポイント)────────────

事前調査で、懇談会が教師と保護者の双方にとって有意義な時間になる。
ICTの力を借りて教師と保護者がWin-Winな懇談会を実現しよう

11 通知表や所見を PDF 化して保存、懇談会の資料に

✦ 懇談会では通知表と所見文をもって臨もう

懇談会の時、大事なのはしっかりとした準備です。ここでは通知表や所見のPDFデータをタブレットに入れておくことをおすすめします。

僕は懇談会の際には、通知表と所見のデータを必ず用意します。懇談会で一番避けたいのが、口頭で「よく頑張っています」と伝えたのに、通知表では成績が下がっているような矛盾した状況です。これを避けるためにも、通知表は手元に置いておきたいものです。

また、所見にはその学期の子どもの活躍が記録されています。緊張で伝え忘れが発生することもあるので、所見を手元に置いておくと、確実に子どもの成長や活躍を伝えることができます。

ただ、通知表や所見文は個人情報の塊です。持ち歩くのが怖いという先生も多いでしょう。しかし、PDF化してタブレットに入れておけば心配ありません。PDFにするには、印刷する時に形式を「PDF」に指定するだけです。撮影して画像として持っておくのもいいでしょう。

─(1.5馬力ポイント)─

懇談会では、通知表や所見文をタブレットに入れておこう。安全で持ち物は少なく、けれど保護者に子どもの活躍をしっかりと伝えられる

第 4 章

保護者と本の力で100人力！

子どもも教師も
パワーアップする方法

1 家で子どもを ほめてもらう① 『おにぎり一筆箋』

✦ 「ほめる」も教師1人では限界がある

　子どもたちを育てる上で、家庭と学校の連携は非常に重要です。しかし、実際にはこの連携を実現するのはなかなか難しい。家庭では学校での子どもの様子を把握することは難しく、逆に学校側も家庭との連絡に課題を感じることが多いです。

　特に子どもをほめることは、子どもたちの成長にとって非常に大切ですが、学校だけでは全ての子に十分な承認やほめ言葉をかけるのは難しいのが現実です。そこで、1.5馬力の発想として「保護者の力を借りる」という方法があります。

✦ 保護者にもほめてもらおう！

　子どもを伸ばすのに「ほめる」ことが重要であることは周知の事実です。そこで、子どもの成長をより伸ばすために、保護者にも子どもをほめてもらう方法があります。ここでは、『おにぎり一筆箋』について紹介します。

　この一筆箋は、おにぎりママさん（Xアカウント名@onigirimama1031）によって販売されているものです。あらかじめ「お世話になっております」と「ご家庭でもぜひほめてあげてください」というメッセージが記載さ

れています。必要な挨拶が既に書かれている
ので、使用する時には子どもの活躍を書き加
えるだけでOKです。

　あとは、それを子どもに読んで聞かせて「お
家の人にも見せてほめてもらってね」と伝え
ます。

一筆箋で子どもの活躍を
保護者に伝える

✦ ほめ言葉を形にして伝える

　普段の学級運営では、教師は子どもたちを
積極的にほめていますが、そのほめ言葉が保
護者にまで届くことは少ないです。

　しかし、この『おにぎり一筆箋』を活用す
ることで、ほめ言葉が形として残り、保護者
にも伝わります。そして、保護者にもほめて
もらうことで、その子のはげみになります。

　この一筆箋はとても好評で、保護者の方からは「学校の様子がよくわ
からないので、学校での活躍を伝えてもらってうれしいです」「子どもが、
先生から一筆箋をいただいたのがとてもうれしかったみたいで、冷蔵庫
に貼って飾っていました」などと感謝の言葉をいただくこともあります。

　こちらの負担は最小限で済み、かつ、子どもも保護者もとても喜んで
くれる。そんな素敵な一筆箋です。

─（ 1.5馬力ポイント ）────────────

『おにぎり一筆箋』で保護者の力を借りて子どもの力を伸ばしていこう

────────────────────────

2 家で子どもを ほめてもらう② 『ほめほめ電話』

✦ 電話で直接活躍を保護者に伝える

『おにぎり一筆箋』と同様に、教室での子どもの活躍を伝えるために効果的な方法があります。それは、『ほめほめ電話』です。

要するに、**子どものよい行動や成長を直接電話で保護者に伝える**というものです。

例えば、子どもの活躍があった時に、「突然の電話で申し訳ありませんが、今日○○さんが素晴らしい行動をしてくれて、うれしくなって電話をしてしまいました」という形で保護者に電話をします。

多くの保護者は、学校からの電話にマイナスのイメージをもっていることが多いです。学校からの着信がスマホ画面に表示されると「うちの子何かしたかしら…」となるものです。

しかし、そこでポジティブな内容の電話をすることで、非常に喜んでもらえます。そして何より、直接声で子どもの活躍を伝えることで、保護者との信頼関係もさらに強めることができます。

✦ 保護者にほめてもらう効果は絶大

この実践をすると、翌日にうれしそうに登校してくる子どもの姿があります。それを見るたび、子どもにとって保護者の方からほめてもらえ

るのは、やっぱり特別なことなんだなと感じます。また、「なかなか家でほめる機会がないのでありがたいです。親子で幸せな時間になりました」と保護者の方から感謝を伝えていただくこともあります。

　子どもも保護者も、そして自分もうれしくなる、これがそんなに負担なくできるのだから、ぜひ読者の方にも試していただきたい方法です。

✦ 電話をする際のポイント

　以下に僕が「ほめほめ電話」をする時に意識していることをいくつか書いてみました。

1. 一緒に喜ぶというスタンスを心がける

　ただ報告をするといった形や、保護者にほめることを強制するような形にせず、一緒に子どもの成長を喜び合うスタンスを心がけます。

2. 事実を中心に伝える

　例えば、「転んで泣いている子を見つけた時に、さっとかけ寄って『大丈夫？　ケガはない？』と声をかけていました」というように子どもの活躍は事実を中心に伝えます。あまり教師の感想や思い込みが入りすぎると子どもの活躍が伝わりづらくなってしまいます。

3. 相手の都合に配慮する

　電話は相手の時間をもらう行為です。仕事などで忙しい保護者も多いので、話の冒頭に「今お時間よろしいですか？」と確認したり、簡潔に伝えたりする意識をもちます。

―（ 1.5馬力ポイント ）――――――――――――――――

家庭で子どもをほめてもらうことは、子どもの自信を育み、保護者も子どもの成長を実感できる大切な機会になる。

――――――――――――――――――――――――――

3 Canvaを使いこなすには、絶対にこの1冊『さる先生のCanvaの教科書』

✦ どんな本？

『授業・校務が超速に！　さる先生のCanvaの教科書』（坂本良晶、学陽書房）

　ここまでの実践で紹介したように、Canvaというサービスは多機能でさまざまな活用ができます。例えば、Canvaのテンプレート機能を使えば、おしゃれな学級通信や掲示物があっという間に完成するし、共同編集機能を使えば、子どもたちがより関わり合う授業にしていくことができます。

　「でも、Canvaって使ったことないし難しそう…」そんなあなたのために、最適な1冊があります。それが『さる先生のCanvaの教科書』です。

✦ こんな先生におすすめ！

・Canvaを使ってみたい！という先生
・Canvaを触ったことはあるけど、より使いこなしたい！という先生

✦ Canva初心者から中上級者までおすすめ

　京都の公立小学校教諭でありCanva認定教育アンバサダーとして

Canvaの活用法などを発信されている坂本良晶先生が書かれた本書。Canvaを現場で使いこなすための最適な1冊です。

　まず、この本の最大の特徴は、全ページがフルカラーで写真中心の構成ということ。タブレット授業に不慣れな先生でも、視覚的にわかりやすいレイアウトでCanvaの使い方を学べます。実際の操作画面が豊富に掲載されており、どのボタンをどの順序で押せばよいのか、直感的に理解できます。

　また、「Canvaは少し使ったことがあるよ」という方から頻繁に使っている方にもおすすめです。

　本書は、Canvaの高度な機能やAI機能の活用方法についても解説されています。AIを活用した授業実践など、ChatGPTではできないことも網羅されていて、全ての人におすすめできる1冊です。

✦ 授業実践例が載っているところがすごい！

　僕が、この1冊の中で特にすごいと感じているのがCanvaを使った具体的な授業実践例が豊富に紹介されている点です。実際にクラスで使えるアイデアが満載で、授業の質を格段に向上させるヒントが詰まっています。

　国語、算数、社会、理科など、さまざまな教科での活用法が示されており、どう活用したらいいかわからない先生も、まずはこの実践を追試するところから始めることで、Canvaの機能をマスターすることができるようになっていきます。

―（ 1.5馬力ポイント ）――――――――――――――

Canvaに興味を持ったらこの1冊。この本の力を借りて、明日からCanvaを現場でフル活用していこう

自分の才能と活かし方がまるわかり

『さあ、才能に目覚めよう』

✦ どんな本?

『さあ、才能に目覚めよう 最新版 ストレングス・ファインダー 2.0』(ジム・クリフトン、ギャラップ著、古屋博子訳、日経 BP)

　この本は、一言で言えば、あなたの個人的な才能を発見し、それをどのように活かせるかを教えてくれます。本からアクセスできるウェブテストに回答すると、「34の才能」テーマの中からあなたの上位 5 つの才能と、それらを活かす具体的な行動アイデアをレポートとして提供してくれます。

✦ こんな先生におすすめ!

・自分の強みを知り、仕事でそれを活かしたい先生
・子どもたちの才能を分析し、伸ばしていきたい先生

✦ 自分の才能と活かし方をレポートにまとめてくれる

　この本の最大の魅力は、自分の才能を客観的に分析し、それをどう活かせるかを具体的なレポートにまとめてくれる点です。

　「あの先生はすごい」「あの先生のようになりたい」と思うことはよく

ありますが、自分自身の才能を見つけるのは難しいものです。この本は
ウェブテストを利用して、あなたの才能を客観的に分析し、活かし方ま
でを提供してくれます。

✦ 才能を活かして、職場を自分のフィールドに

　自分の強みを認識し、それを活かすことは、仕事をする上で非常に重
要です。例えば、絵を描くことが得意な先生が、その才能に気づかない
でいたら、それは宝の持ち腐れです。
　絵を描くことが得意なんだと自覚し、それを活かすことができれば、
普段の授業や学級経営で他の先生が真似できないような実践もできるか
もしれません。自分でも気づいていない宝に気づき、それを使っていけ
るようにするために、本書はとても役に立ってくれます。

✦ 自分の才能が見つかったら

　レポートを読むだけでも十分ですが、自分の才能の活かし方を短時間
で理解したいという方には、動画を探すことをおすすめします。例えば
「ストレングス・ファインダー、共感性」というようにYouTubeで検索
すると、才能の活かし方について詳細に解説された動画多数が見つかり
ます。そちらもぜひ参考にしてみてください。

─(1.5馬力ポイント)────────────────
自分の才能に気づいていないのは宝の持ち腐れ。この本を通じて自分の
才能を見つけ、活かしていこう
────────────────────────────

5 教師の心を守ってくれる名著『嫌われる勇気』

✦ どんな本?

『嫌われる勇気 自己啓発の源流「アドラー」の教え』(岸見一郎、古賀史健著、ダイヤモンド社)

　この本は、一言で言えば、アドラー心理学の基本理念を、読みやすい対話形式で紹介している本です。人間の悩みが対人関係に根ざしているという視点から、僕たちの行動、考え方、そして対人関係のあり方をどう改善するかについて深く掘り下げています。子どもや保護者、同僚などあらゆる対人関係の中で仕事をする教師にとって、重要な視点をもたせてくれる本です。

✦ こんな先生におすすめ!

・子どもや保護者、同僚との対人関係で悩みを抱えがちな先生

✦ 「課題の分離」で心がラクになる

　この本の中では「課題の分離」という重要な概念が登場します。アドラー心理学では、自分の課題と相手の課題を区別することが大切とされています。これは、自分でコントロールできるものを「自分の課題」、相手に

しかコントロールできないものを「相手の課題」と区別することです。

　例えば、子どもが思うように行動してくれずにイライラする教師のケースでは、「行動するかどうか」は子どもの課題であり、「イライラする」のは教師の課題とされます。

　このように区別を明確にすることで、人間関係の問題がわかりやすくなり、自分が何をすべきかが明確になります。例えば、教師は「子どもが行動できるように支援することまでが自分の役割だ」と気持ちを整えることができます。そのように捉えることで、不必要なイライラを減らし、自分の役割に集中できるようになります。

✦ 他者の期待する人生ではなく、自分の人生を歩もう

　子どもや保護者、同僚からの期待に応えようとして無理をしている読者の方もいらっしゃるのではないでしょうか。僕はかつてそうでした。子どもや保護者が望むような教師になろうと無理をし、同僚からの期待に応えようと背伸びばかりをして心が苦しくなっていました。

　本書では、「他者からの評価ばかりを気にしていると、最終的には他者の人生を生きることになる」と述べられています。つまり、他者からの期待に応えようとする人生は、他者の人生を生きているのであって自分の人生を歩んでいるわけではないと語っています。

　僕自身、この本を読んで、無理に他者の期待に応えようとすることから解放されて、毎日をより楽しく過ごせるようになりました。同じ悩みを抱える方には、ぜひ一読をおすすめします。

―(1.5馬力ポイント)――――――――――――――

教師はさまざまな対人関係の中で仕事をする。『嫌われる勇気』を読んで、肩の力を抜いて働いていこう

――――――――――――――――――――――――――

6 子どもの心に火を灯す 語りが学べる1冊 『心を育てる語り』

✦ どんな本？

『心を育てる語り』（渡辺道治著、東洋館出版社）

　「子どもに語れる教師になりたい」と考えたことはありませんか？

　教師である僕たちの言葉は、子どもたちの心に大きな影響を与えます。本書の魅力は、小学校教師でありながら200回以上の講演や国際交流活動に携わった経験をお持ちの著者による、**厳選された「子どもたちの心に火を灯す語り」が掲載されている**点にあります。

　僕は、本書に掲載されている語りを真似ることから始め、語り方や子どもたちに伝えたいことを伝えるときのポイントを学ぶことができました。「子どもに語れる教師になりたい」という思いをお持ちの方にぴったりの一冊です。

✦ こんな先生におすすめ！

・子どもたちの心に深く響く言葉を探している先生
・子どもたちの心に火を灯す語りができるようになりたい先生

✦ 思わず子どもに伝えたくなる語りが満載

　本書には、「失敗への恐れを乗り越える語り」「見えない徳の積み方についての語り」など、子どもたちの心を育てる23の語りが掲載されています。

　これらはすべて、渡辺先生の豊富な経験と読書量によって蓄積されたものであり、子どもたちへの語りのはずなのに、大人の自分が読んでいても新たな発見や心が突き動かされる感覚があります。そして自然と「これを子どもたちにも伝えたい」という思いになります。

　本書の魅力は、渡辺先生の語りがそのまま掲載されている点にあります。話すのが苦手な先生や、どのようにして語ったらいいのかわからないという先生でも再現が可能です。

　また、いくつかの語りでは、実際の渡辺先生の語っている音声を聴くことができ、「リズムやテンポ」、「抑揚」、「間」なども体感することができるようになっています。

　さらに、その語りを支える理論や、渡辺先生がどのような考えをもってその語りをしているのかなどが詳細に語られています。そのため、ただ子どもへの話が上手になるのではなく、語りを通じて教師としての教育観や人間観も磨かれる本となっています。

　子どもに寄り添うだけでなく、僕たち教師の心にも火を灯してくれる、そんな一冊です。

─(1.5馬力ポイント)──────────────

『心を育てる語り』を読むことで、子どもの心を育む語りを体感し、語りのスキルを磨くことができる。まずは、この本の語りを通じて、語りを身につけよう。そして、未来をつくっていく子どもたちの心を育てていこう

─────────────────────────

おわりに

　僕は、誰よりも不器用だと自信をもって言えます。

　これまでに数多くの失敗を繰り返し、もし「学校の先生失敗グランプリ」が存在したら、僕は間違いなく上位にランクインするでしょう。

　特に若手教師の頃は、日々の仕事に追われながらも、申し訳なさと少しのちっぽけなプライドが邪魔をして、他人に助けを求めることができませんでした。
　そうして、4年目の3学期には、心の病になって病休を取り、「この仕事を辞めよう」と決意するところまでいきました。

　あの時の僕は、本を通じて誰かに何かを伝える日が来るとは夢にも思っていませんでした。そんなどん底にいた自分を支え、励まし、力を貸してくれたのは家族や先輩、同僚、そして本やICTなどの力でした。
　今まで誰にも力を借りることができなかった自分が、周囲から力をいただいて復帰し、毎日を楽しく過ごせるようになったのです。
　それ以来、1人でなんとかしようとする1馬力から、周囲からの力を借りる1.5馬力という働き方に転換できました。

　最近、心の病で休職した教師が過去最多を記録したというニュースが流れました。きっと、かつての僕のように今も日々の忙しさの中で奮闘し、ギリギリで働く先生方が多いことでしょう。
　この本は、そんな先生たちが、毎日を楽しく過ごせるようになるためのヒントになればと思い、書いた本です。

この本が、少しでも多くの先生方の助けとなり、先生に余裕が生まれることで、そのクラスの子どもたちもより楽しく学校生活を送ることができるようになったなら、これ以上の喜びはありません。

　最後に、本を完成させるまでには本当に多くの方に支えていただきました。
　学陽書房の山本聡子様、河野史香様をはじめ、いつも励ましてくれた友人や同僚の先生方、家族、応援してくださった方々、そして坂本良晶先生に心からの感謝を申し上げます。

　多くの先生方と子どもたちに楽しい毎日が訪れますように。

2024年２月24日、通い詰めたマクドナルドにて

岩月駿人

著者紹介

岩月 駿人 (いわつき　はやと)

愛知県公立学校教諭。1991年愛知県生まれ。愛知教育大学卒業。SNSではエンジョイ先生の名前で「子供も教師も毎日楽しく過ごせる学級づくり」をモットーに、ICTを活用した仕事術や、生成AIの校務における活用法などを発信している。スクールタクト認定ゴールドマスター。Microsoft認定教育イノベーター。EDUBASE CREW。インプレス教育ICT書籍編集チーム『実践例＆導入事例でわかる 明日からの教室のつくりかた スクールタクトで始めるICT活用』実践提供、「生成AIで校務をラクに　一から始める簡単時短術」『教育新聞』連載、『教室ツーウェイNEXT 20号』（学芸みらい社）寄稿。

子どもの力と AI で **1.5 馬力学級経営**

2024年4月10日　初版発行

著　者————— 岩月 駿人

発行者————— 佐久間重嘉

発行所————— 学 陽 書 房
　　　　　　　〒102-0072　東京都千代田区飯田橋1-9-3
営業部————— TEL 03-3261-1111／FAX 03-5211-3300
編集部————— TEL 03-3261-1112
　　　　　　　http://www.gakuyo.co.jp/

ブックデザイン／能勢明日香　DTP制作／越海辰夫　印刷・製本／三省堂印刷

楽しく学習・生活ルールが身につく！
学級づくりに効く！　わくわくゲーム×システム

渡邉駿嗣　著

A5・128 ページ　定価 2,090 円（10％税込）

授業や給食や掃除など、クラスのさまざまな活動を楽しくゲーム化。提出物をどんな子も無理なく忘れず提出できるシステムなど、今日から役立つさまざまなアイデアが満載！　子どもの「困った」にも無理なく対応できて、できないことを叱らずにすむゲーム×システムを紹介！

教師の仕事が AI で変わる！
さる先生の ChatGPT の教科書

坂本良晶　著

A5・116 ページ　定価 2,090 円（10％税込）

ChatGPT に授業案を考えさせ、アウトプットの叩き台を作らせ、表計算、複雑な調整案づくり、文書の校正・チェックまで、さまざまな仕事をさせる具体的事例を網羅！　ChatGPT について、その使い始め方から具体的な仕事での使いこなし術までがこの 1 冊でわかる！